지친 '나'를 채우는 재충전의 기술

리부팅

RE-BOOTING

전옥표
지음

중앙books

차 례

0단계

삶에도 리부팅이 필요하다

1단계

멈춰서기: 관점 리부팅

2단계

숨고르기: 목적 리부팅

3단계

방향잡기: 방향성 리부팅

4단계 ||||||||||||

다시 시작하기: 프로세스 리부팅

5단계 |||||||||||||||

흔들리지 않기: 유일성 리부팅

6단계 |||||||||||||||||||||||

도약하기: 행동 리부팅

더 높은 도약을 위한
멈춤의 공식

모두가 바쁘다는 말을 입게 달고 산다. 직장인도 학생도 사업하는 사람도 무언가에 쫓기듯 살아간다. 남들보다 뒤처지지 않을까 하는 스스로의 두려움에 쫓기는 것인지도 모른다. 그 두려움을 돌아볼 새도 없이, 어디로 가는지, 왜 이렇게 사는지도 모른 채 그저 바쁘게 살아간다.

　그러다 어느 순간, 좀처럼 의욕이 생기지 않고 몸도 마음도 생각처럼 움직이지 않는 자신을 발견한다. 심한 피로감과 무기력함에 시달리고 더 나아가 자기혐오에 빠지기도 한다. 바로 번아웃 증후군이다. 번아웃(burnout)은 우리말로 하면 연소, 소진, 탈진 정도로 번역할 수 있다. 내 안의 에너지가 전부 고갈되었으니 무너져 내릴 수밖에 없는 것이다.

나는 삼성전자에 오랫동안 몸담다가 삼성을 떠나 경영자로서의 길을 걸었고, 대학교수로 학생들을 지도하기도 했다. 또 경영연구소를 만들어 많은 기업을 대상으로 성공에 대한 컨설팅과 통찰력을 제공해왔다. 그러면서 힘들어하는 젊은이들과 직장인들을 수없이 만났다. 그들은 마치 버퍼링에 걸린 것처럼, 작동이 멈춘 것처럼 진퇴양난에 빠져 괴로워하고 있었다. 이런 사람들이 용기를 갖고 다시 시작할 수는 없을까, 이것은 오랫동안 나의 고민이자 과제였다.

나 역시 지금까지 살면서 힘들고 진이 빠지거나 앞날이 막막해서 낙담한 적이 한두 번이 아니었다. 다행히 매번 고비를 잘 이겨내고 그것을 또 다른 성장의 동력으로 삼은 덕분에 '오뚝이'라는 별명을 얻었다. 사람들은 넘어져도 다시 벌떡 일어나는 것에 감탄하는 듯하다. 하지만 오뚝이가 다시 일어나기 위해선 일단 넘어져야 한다. 마찬가지로 우리가 다시 시작하기 위해서는 일단 멈춰야 한다.

사람들은 오뚝이가 넘어져서 일어나기까지의 과정에는 별로 관심이 없는 것 같다. 하지만 '진짜'는 그 과정에 있다. 멈췄다가 다시 시작하는 그 과정에 행복과 성공의 비결이 있다고 생각한다. 이것이 내가 수없이 넘어졌다 일어나며 깨달은 것이다. 삶의 행복과 성공을 위해 멈췄다 다시 시작하는 과정, 그것을 나는 '리부팅(re-booting)'이라고 부른다.

리부팅이란 '그동안 자신이 걸어온 삶을 한 걸음 물러서서 바라보고 재정비해 다시 시작할 수 있는 힘을 기르는 시간'이라고 정의할 수 있다. 인생이라는 경주에서 때로는 빠르게, 때로는 천천히 달리고 때로는 멈추기도 하며 페이스를 조절해야 결승선에 도달할 수 있다. 멈추고 재시작하는 순간이 있어야 지치지 않고 오랫동안 버티며 나아갈 수 있다. 어려운 시기뿐 아니라 권태와 매너리즘에 빠질 때, 심지어 잘나가고 있다고 생각될 때도 리부팅을 통해 원하는 방향으로 인생을 꾸려나갈 수 있다.

살면서 누구나 수많은 문제에 맞닥뜨린다. 그것에 저항해 무작정 돌진할 것인가, 아니면 그것을 포용하고 그 속에서 무언가를 얻어내서 도약의 기회로 삼을 것인가. 리부팅은 후자를 택하는 과정이며, 이것은 더 멋진 내일의 삶을 위한 핵심이다.

두 점 사이의 최단 거리를 그리라면 두 점 사이에 직선을 그릴 것이다. 그러나 인생에서만큼은 두 점 사이의 최단 거리가 직선이 아니다. 구불구불한 선을 그리고 때로는 쉬기도 하면서 가는 길이 직선보다 더 빠른 결과를 낳기도 한다. 그래서 인생은 어렵고도 재미있는 게 아닐까.

독자들이 새로운 에너지를 얻을 수 있도록 삶에 용기를 돋우는 팁, 더 높은 도약과 성장을 위한 해법을 나누고 싶다. 그래서 오랜 내 연구와 경험을 모아 이 책을 썼다. 이 책은 '리부팅'의 적용 노하우를 6단계로 제시한다. 멈춰서기, 숨고르기, 방향잡기, 다시 시작하기, 흔들리지 않기, 도약하기가 바로 그것이다. 세부적으로는 더 자세한 리부팅의 과정을 제시해 삶의 현장에서 리부팅을 바로 적용할 수 있도록 했다.

설렘에서 익숙함으로, 익숙함에서 매너리즘으로 순환하는 삶의 사이클에서 어떻게 하면 지속적인 성공과 행복을 누릴 수 있을지, 이제부터 리부팅의 이야기를 여러분과 나누려고 한다. 나의 경험을 기반으로 해 직장인과 기업의 사례가 주가 되었지만 어떤 일을 하든, 어떤 상황에 있든 참고할 점이 있을 것이라고 믿는다. 여섯 단계를 따라 차분히 자신을 성찰하고 담금질하는 시간을 가지다 보면 부쩍 성장한 자신을 만날 수 있을 것이다.

책의 집필을 위해 여러 가지로 수고해준 출판사 관계자들과 위닝경영연구소 연구원들에게 심심한 감사를 표하며, 부족한 글이지만 부디 많은 분이 이 책을 통해 행복과 성공의 길을 갔으면 하는 바람이다.

전옥표

0단계

삶에도
리부팅이
필요하다

사람들은 변화해서

더 좋은 것을 얻으려 하지 않고

더 나쁜 일이 생길까 두려워서

그냥 불만족스러운 삶의 방식을 고수한다.

_에릭 호퍼

왜 이토록
힘든 것인가

"이제까지 힘들게 공부하고 일해서 여기까지 왔는데, 갑자기 모든 게 허무하게 느껴집니다."

수많은 사람을 만나고 멘토링하고 강의를 하다 보면 어린 학생부터 직장인, 심지어 한 기업을 이끄는 리더들까지 괴로움을 토로하는 경우가 많다. 그들이 자주 언급한 단어는 우울, 무기력, 권태, 매너리즘 등이다.

요즘에는 '번아웃(burnout)'이라는 용어도 심심찮게 들린다. "저 완전히 번아웃 상태가 되어버렸어요"라고 말하는 사람이 늘고 있다. 번아웃 증후군은 모두 다 타고 재만 남은 것 같은 상태를 일컫는다. 열심히 목표만 보고 달리다가 목표를 이루고 나면 갑자기 맥이

탁 풀리면서 무기력해진다. '하얗게 불태웠다'는 말은 번아웃 상태를 가장 잘 표현한 말이 아닐까.

　개인뿐 아니라 조직도 마찬가지다. 불타는 열정으로 창업을 하고 회사가 성장하는 동안은 신이 난다. 그러다 업계 최고 위치를 찍거나 히트상품이라도 내고 나면 위기가 찾아온다. 그때부터는 현상을 유지하는 데 급급해 새로운 시도를 하지 않거나, 더 높아진 목표에 도달하기 위해 여전히 노력하지만 기대에 못 미치는 결과로 인해 매너리즘에 빠지기 쉽다. 조직이 집단적 무기력에 빠지기도 한다. 이는 마치 멀쩡히 달리고 있는 것 같지만 바퀴 한쪽에서 서서히 바람이 빠지기 시작하는 자전거와 같다.

성장하려면 정신적 성장통이 필요하다

사람들은 저마다 소중하게 생각하는 가치를 좇으며 열심히 살아간다. 그러다 어느 순간 벽에 부딪힌 것처럼 삶의 목적과 방향을 잃어버리고 방황하는 시기가 찾아온다. 열심히 살았는데, 왜 여전히 나는 이토록 힘든 것인가? 설레고 낯선 상태를 겨우 지나 좀 안정적으로 사는가 했더니 권태와 매너리즘에 빠져버리다니. 이 무슨 인생의 장난이란 말인가? 하지만 억울해한다고 해서 변하는 건 없다. 이것이 삶의 자연스러운 흐름이란 것을 받아들여야 한다. 몸의 성장에 성장통이 뒤따르듯 한 인간으로 성장하는 데에도 정신적 성장통이 뒤따른다.

나는 한 분야에서 작지 않은 성공을 거둔 사람을 많이 보았다. 그들 대부분은 일중독 상태였고 매너리즘과 번아웃에 빠져 허덕이면서도 일을 놓지 못했다. 바쁘지 않을 때는 도대체 무엇을 하며 시간을 보내야 할지 몰라서 억지로라도 일정을 만들었다. 쓸데없는 회의를 만들고 쉴새없이 어디론가 전화를 하고 이메일을 보내며 자신의 불안을 덮으려고 했다. 그러한 행위는 잠깐의 해결책은 될지 모르나 그들의 정신과 체력을 점점 더 극한으로 몰아붙이고 있을 뿐이었다. 그것은 과로로 인한 병으로, 때론 공황장애로, 때론 우울증으로 결국 더 큰 덫이 되어 돌아왔다.

나에게도 그런 위기가 있었다. 열심히 공부해서 대학에 가고 그토록 선망하던 대기업에 취업도 했다. 이제부터 꽃길만 걸을 거라고 생각했다. 처음엔 적응하느라 정신이 없기도 했고 더 잘하고 더 인정받고 싶어서 앞만 보고 달렸다. 덕분에 1년, 2년이 지나면서 겨우 일과 회사생활에 익숙해지고 내 능력도 어느 정도 인정받았다. 드디어 직장에서 자리를 잡았다고 생각한 3년 차에, 갑자기 모든 게 지루해졌다. 그 후에도 여러 번, 특히 뭔가를 성취하고 나면 어김없이 그런 상태가 찾아왔다.

그 시기들을 나름의 방법으로 넘기면서 나는 우리 삶에 어떤 사이클이 존재한다고 느꼈다. 그리고 그것을 잘 이용하면 힘든 시기를 더 큰 도약을 이뤄내는 기회로 전환할 수 있다는 것도 알게 되었다.

나는 번아웃 상태일까

WHO(세계보건기구)는 번아웃 증후군을 '제대로 관리되지 않은 만성적 직장 스트레스'라고 규정했다. 번아웃의 가장 큰 문제 중 하나는 증세를 초기에 알아차리기 어렵다는 것이다. 자신이 번아웃 상태임을 자각할 때는 이미 꽤 심각한 수준으로 발전한 후다. 게다가 자각한 후에도 이를 적극적으로 치유하려고 노력하지 않고 무기력하게 증세를 악화시키는 경우가 많다. 이를 방지하기 위해선 '자각'이 중요하다. 스스로를 되돌아보고 몸과 마음이 하는 이야기에 귀 기울여야 한다.

'나도 혹시 번아웃 상태가 아닐까?' 하는 의심이 든다면 2015년 안전관리공단에서 만든 간이 테스트를 통해 자신의 상태를 점검해보자. '전혀 아니다' 1점, '약간 그렇다' 2점, '그렇다' 3점, '많이 그렇다' 4점, '매우 그렇다' 5점으로 점수를 매긴다. 총점이 65점 이상이라면 의학의 도움을 받아야 하는 '위험' 상태다.

번아웃 자가진단표

		전혀 아니다	약간 그렇다	그렇다	많이 그렇다	매우 그렇다
1	쉽게 피로를 느낀다.					
2	하루가 끝나면 녹초가 된다.					
3	아파 보인다는 말을 자주 듣는다.					
4	일이 재미없다.					
5	점점 냉소적으로 변하고 있다.					
6	이유 없이 슬프다.					
7	물건을 잘 잃어버린다.					
8	짜증이 늘었다.					
9	화를 참을 수 없다.					
10	주변 사람들에게 실망감을 느낀다.					
11	혼자 지내는 시간이 많아졌다.					
12	여가 생활을 즐기지 못한다.					
13	만성 피로, 두통, 소화 불량이 늘었다.					
14	자주 한계를 느낀다.					
15	대체로 모든 일에 의욕이 없다.					
16	유머 감각이 사라졌다.					
17	주변 사람들과 대화를 나누는 게 힘들게 느껴진다.					

일단,
잠시 멈춤

누구나, 어떤 일을 하던지, 출발은 설레고 새롭다. 그러나 시간이 지나고 환경에 친밀해지다 보면 익숙함이란 덫은 우리를 매너리즘에 빠지게 만든다. 매너리즘이란 '틀에 박힌 일정한 방식이나 태도를 취함으로써 신선미와 독창성을 잃는 일'이다. 이러한 매너리즘이 반복되고 지속되다 보면 자기 자신에 대한 기대가 사라지고 결국 자신감을 상실한다. 처음에 가졌던 각오와 꿈도 어느새 사라져버린다. 처음 마음을 회복할 수는 없을까?

컴퓨터를 하다가 프로그램 실행에 문제가 생기면 어떻게 하는가? 대부분의 사람은 전원을 껐다 켠다. 이 행위를 '리부팅(re-booting)'이라고 부른다. 단순한 행위 같은데 희한하게도 이것으로 많은 문제가 해결된다. 컴퓨터를 잠시 껐다 켰을 뿐인데 버벅대던 프로그램이 다시 정상적으로 돌아가는 경험을 누구나 한번쯤 해봤을 것이다. 이러한 리부팅의 마법은 우리 삶에서도 똑같이 적용된다. 나는 이것을 '삶의 리부팅'이라고 부른다.

삶의 리부팅이란 '그동안 자신이 걸어온 삶을 한 걸음 물러서서 바라보고 재정비해 다시 시작할 수 있는 힘을 기르는 시간'을 말한다. 긴 인생에서 멈춤과 재시작의 순간이 있어야 지치지 않고 오랫동안 버티며 나아갈 수 있다. 그리고 이러한 삶의 태도를 통해 매너리즘은 물론이고 권태로움과 우울, 초조, 불안을 극복할 수 있다.

잠시 멈춰도 괜찮다

4수 끝에 대학에 입학한 청년을 만난 적이 있다. 그는 대학입학시험에 처음 실패했을 때만 해도 다시 도전하겠다는 열정이 있었다. 그러나 두세 번 실패가 이어지면서 점점 지치기 시작했다. 다시 도전해야 할까, 내가 해낼 수 있을까 망설이고 방황했다.

거의 자포자기의 심정으로 그는 잠시 멈춤을 선택했다. 한 달 동안 아무것도 안 하고 밥 먹고 잠만 잤다. 그러다 자는 것도 지겨워지는 순간이 찾아왔다. 그제야 그는 다시 책상 앞에 앉았다. 신기하게도 익숙하다 못해 지긋지긋했던 공부가 다시 새롭게 느껴졌고 열정이 샘솟았다. 그는 네 번째 도전에서, 마침내 일류대학에 무려 수석으로 입학했다. 이 청년은 스스로 의식하지 못하는 사이에 리부팅을 한 것이다. 억지로 스스로를 밀어붙이기보다 멈추고 나서야 그는 비로소 다시 시작하게 되었다.

익숙함에서 잠시 물러서자. 그리고 멈추어 바라보아야 한다. 잠시 한 발짝 물러서서 바라보면 머릿속이 어느 정도 정리가 된다. 그때 다시 시작하면 익숙하던 일도 새롭게 느껴지고 처음 하는 일처럼 설렌다. 그래서 더욱 철저하게 준비하게 된다. 이것이 사람들이 흔히 말하는 '초심'을 유지하는 방법이다. 그동안 수많은 사람을 만나 멘토링하면서 나는 사람들이 초심을 유지할 수만 있다면 잠재력을 발휘하는 건 그리 어려운 일이 아니라는 사실을 발견했다.

비가 오지 않으면 사막이 된다

리부팅은 곧 초심을 회복하는 과정이기도 하다. 사람들에게 리부팅을 하라고 하면 '멈춤'에 먼저 관심을 둔다. 아무것도 하지 않고 마냥 놀고먹거나 잠적해버리는 것 정도로 생각하기도 한다. 하지만 내가 이야기하는 리부팅은 멈춤보다는 재시작과 도전에 무게를 두는 개념이다.

"해만 밝게 비치고 비가 오지 않으면 사막이 된다"라는 말이 있다. 누구나 삶에서 행복하고 밝은 날만 계속되기를 바라지만 그렇게 되면 삶이 사막과 같이 황량해진다는 의미다. 이렇듯 삶은 리부팅의 연속이다. 삶이란 끝이 보이지 않는 기나긴 마라톤이 아니라 짧은 단거리 경주를 여러 번 이어 달리는 것이다. 그러므로 단거리 경주 사이사이에 잠시 멈추어 휴식을 취하고 다시 정신을 가다듬어 달리는 것을 반복해야 한다. 성공의 열쇠는 일종의 훈련을 통해 이 과정을 얼마나 효과적으로 보내느냐에 있다.

고통을
분산시켜라

'고통 없이 얻는 것은 없다'라는 말은 식상하게 들리겠지만 부정할 수 없는 진실이다. 무언가를 얻고 성취하려면 고통이 수반된다. 칼 융은 "모든 신경증은 정당한 고통을 회피한 대가다"라고 말했다. 고통을 회피한 대가는 회피하고자 했던 고통보다 결국에는 더 고통스러운 것이다. 정당한 고통을 회피하면 그 문제를 통해 이룰 수 있는 성장도 회피하는 꼴이 된다.

코미디언 이봉원 씨 이야기를 텔레비전에서 본 적이 있다. 그는 여러 요식업을 시도했지만 번번이 실패하고 깊은 좌절감에 빠졌었다. 매월 엄청난 빚을 갚아야 했고, 급기야는 극단적인 선택을 하려고 반포대교로 올라갔다. 새벽 두 시에 반포대교에 서니 많은 생각이 떠올랐고 더 많은 눈물이 흘렀다고 한다.

결국 발걸음을 돌려 집으로 돌아온 뒤 그는 좋은 기회로 『장사의 신』을 쓴 우노 다카시 사장의 매장에서 일을 배우게 된다. 손님에게 인사하는 법부터 다시 배우고 '장사란 무엇인가'라는 것에 대해 생각하는 시간을 보내며 자기 방식이 항상 옳다고 믿고 달려왔던 과거를 돌아보게 된다. 난생처음 접해보는, 장사에 대한 본질을 배우고 훈련을 받은 뒤 이봉원 씨는 각종 요리사 자격증을 따면서 음식에 대해 하나씩 섭렵해나갔다고 한다. 나는 그가 스스로 성공의 문을 성실히 넓히고 있으니 성공이 머지않았다고 믿는다.

역경과 시련은 예고 없이 찾아오기에 계획할 수 없다. 그래서 더 힘들게 느껴지고 아린 것이다. 갑자기 찾아오는 고난에서 자유로운 사람은 하나도 없다. 슬픔과 고통을 면제받은 사람도, 아무런 문제 없이 사는 사람도 없다. 경중의 차이가 있을 뿐 누구나 우울감이나 좌절감을 느낀다.

고통을 참고 견디기만 하라는 것은 아니다. 참기만 한다면 고통에서 얻는 것이 제한적일 뿐 아니라 고통을 연장하는 결과만 낳을 수 있다. 고통의 원인을 끊어내고 고통을 분산시켜서 새로운 도전으로 연결해야 한다.

고통스러울 때 고통에 대한 관심을 끊고 멈추는 것에서 리부팅은 시작된다. 고통의 원인이 된 것에 몰입하면 아픔은 더 커진다. 생각을 멈추고 의도적으로 여유를 가져야 한다. 그리고 다시 시작할 수 있도록 방향을 잡다 보면 고통이 분산된다. 앞서 이야기한 이봉원 씨는 극한에 이르렀지만 그 고리를 끊었다. 스스로 문제를 해결하기 어려웠기에 보고 배울 수 있는 사람 밑에서 일하면서 방향을 잡아갔다. 이처럼 그는 위기의 순간에 리부팅을 할 수 있었기에 고통을 극복할 수 있었다.

흔히 사람들은 힘들면 술을 마시거나 다른 사람을 붙들고 하소연하며 상황을 벗어나려고 애를 쓴다. 그런 몸부림은 일시적으로는 해방감을 줄지 모르겠지만 지속적인 해결책은 되지 못한다. 리부팅은 일시적인 해답이 아니라 영속적인 성장 프로세스를 통해 새롭게 도전할 수 있는 힘의 원천이 된다.

오래전에 갑자기 직장에서 해고되어 괴로워하는 50대 가장을 1년 정도 상담해준 적이 있었다. 아니, 좀 더 명확하게 이야기하면 상담했다기보다는 그의 이야기에 맞장구쳐주는 친구가 되어줬다. 그는 시간이 지날수록 더 괴로워하며 어찌할 바를 몰랐다. 나는 그에게 오랫동안 한곳만 바라보고 달려왔으니 여행이라도 다녀오라고 조언했다.

그는 내 조언을 받아들여 열흘 정도 가족여행을 다녀왔다. 다행히 여행 후에 그는 어느 정도 안정감을 찾은 듯했다. 별거 아닌 것 같지만 잠시 떠남으로써 일단 '해고'에 집착하는 상황을 끊는 데 성공했다. 나는 그에게 이제 무엇을 하고 싶냐고 물었다. 그는 이렇게 대답했다.

"평생 일할 수 있는 직업을 갖고 싶습니다."

여행을 통해 그는 일상을 멈추고 앞으로 무엇을 하며 살 것인지 방향을 잡았다고 했다. 국가가 인정하는 자격증을 따는 것으로 새로운 방향을 설정하고 2년 동안 공부한 끝에 그는 공인중개사가 되어 새로운 삶을 시작했다.

이봉원 씨와 이 중년 가장이 고통을 극복하고 진일보할 수 있었던 데에는 한 가지 동일한 과정이 작용했다. 지금 상황에 얽매인 생각과 생활을 잠시 끊고 호흡을 가다듬어 새로운 방향을 설정하는 것. 이것이 바로 고통의 강도를 분산시키고 새로운 도전을 시작하는 리부팅의 시작이다.

리부팅으로
나쁜 루틴을
끊어내라

내 주변에는 바쁜 사람이 많다. 어떨 때 보면 서로 누가 더 바쁜가 경쟁이라도 하는 것 같다. 그런데 그들을 가만히 보면 진짜 바쁠 때도 있지만 '바쁨을 위한 바쁨'일 때가 많다. 그들은 바쁘지 않은 상태를 두려워하는 것 같다. 시간이 생겨도 쉬기보다 무언가를 하려고 하고 강박적으로 바쁘기 위해 노력한다. 그러다 추진하던 일들이 중간에 꼬이기 시작하면 질주하던 그들의 삶이 무너지기 시작한다. 중간에 아무런 성찰이나 점검 없이 내달린 탓에 바로잡기에도 너무 멀리 와버린 것이다.

그들의 질주는 불안을 잠시 덮어줬을지는 모르나 더 높은 도약과 성장으로 가는 길에 스스로 놓은 덫이 되어버린다. 이런 수순으로 무너져버리는 사람을 여럿 보면서 나는 안타까웠다. 그들이 중간에 리부팅하는 시간을 가졌더라면 어땠을까?

리부팅은 힘든 시간을 이겨내는 도구일 뿐 아니라 좋지 않은 루틴을 끊어내는 도구이기도 하다. 성공하기 위해서는 전략을 세워야 한다는 말을 흔히 한다. 전략을 세운다는 것은 불필요한 것들을 폐기한다는 의미도 포함한다. 내가 이루고자 하는 궁극적인 목표에 기여하지 않는 것들을 폐기해서 목표에 집중할 수 있는 루틴을 만들어야 한다. 멈춤을 통해 목표를 인식하고 목표에 이르는 길을 단순명료하게 정리하면, 그동안 시야를 방해하던 것들이 사라지면서 새로운 길이 보인다.

그동안은 쉬지 않고 열심히 해야 성공한다는 것이 상식처럼 여겨져왔다. 일단 멈추어 보라는 리부팅이 농담처럼 여겨질지도 모른다. 그러나 성공에는 항상 상식을 뛰어넘는 패러독스가 필요하다.

기업의 예를 들어보자. 전 세계에서 가장 큰 택시회사인 우버는 정작 택시를 소유하지 않고 있다. 택시를 많이 소유하고 있어야 택시 운송업을 할 수 있다는 기존의 생각에서 한 발 물러서 '택시가 없어도 택시 운송업을 할 수 있는 방법은 없을까'라는 새로운 방향잡기를 시도한 것이다. 상식으로 여겨지던 기존의 시스템을 끄고 완전히 다시 시작했다는 점이 바로 '혁신 리부팅'이다. 그 결과 우버는 택시를 소유하지 않으면서도 가장 큰 택시 운송업체가 되었다.

이런 예는 얼마든지 있다. 세계에서 가장 큰 미디어 회사인 페이스북은 자체 콘텐츠를 가진 적이 없다. 세계에서 가장 큰 소매업체인 알리바바는 재고를 가지지 않는다. 그리고 세계에서 가장 큰 숙박업소인 에어비엔비는 부동산을 가지고 있지 않다. 이러한 혁신은 결코 상식에서 시작한 것이 아니다.

기업뿐 아니라 성공한 사람들의 이면에는 상식과 고정화된 루틴에 얽매이지 않는 리부팅의 과정이 있다. 그동안 '질주'의 관점으로만 성공을 조명했다면 이제는 그 뒤에 숨은 '멈춤', 즉 리부팅을 깨달아야 할 시기가 왔다.

언제
리부팅할
것인가

지금쯤이면 이 책을 보는 독자들은 아마 이런 의문이 들 것이다. 리부팅을 해야 한다는 건 이제 알겠는데 대체 언제 해야 하는가? 그 시기는 어떻게 알 수 있는가?

우리가 매너리즘에 빠지거나 좌절하는 시기는 아무도 알 수 없다. 직장생활을 시작한 지 3년 차쯤 되면 권태에 빠지는 사람이 많긴 하지만 그것도 일반화할 수 없는 문제다. 사회 초년생인데도 이미 매너리즘에 빠져 적당히 살아가는 사람이 있는가 하면 연세대학교 김형석 명예교수처럼 100세에도 책을 읽고 글을 쓰고 강의를 하면서 나날이 새롭게 도전하는 사람도 있다.

이를 거꾸로 생각해보면 리부팅은 언제라도 할 수 있는 것이며 어쩌면 일생 동안 해야 하는 것이다. 변화하는 환경에 맞춰 도약하고 성장할 수 있도록 잠시 멈췄다 재시작하는 리부팅을 반복적으로 실행해야 한다.

이때 스스로 리부팅할 시기를 감지하는 것은 무척 중요하다. 언제 리부팅할 것인가? 자신의 상황을 파악해보면 알 수 있다. 구체적으로 다음 세 가지 징조가 보인다면 리부팅이 필요한 때다.

첫째, 절실함이 사라졌다. 목표를 위해 절실하게 노력하는 단계라면 멈출 필요가 없지만 절실함을 상실한 순간 일단 멈추어 리부팅을 해야 한다. '이제 편안하게 즐기자' 하는 순간이 위기이기 때문이다. 한 취업준비생을 만난 적이 있는데 그는 취업준비생이라고 말만 할 뿐 취업 준비는 하지 않고 있었다. 알고 보니 처음에는 절실한 마음으로 스펙도 쌓고 노력했지만 취업에 번번이 실패했다는 것이었다. 그렇게 백수로 지내는 시간이 길어질수록 점점 더 일하기가 싫어졌고, 머리로는 취업해야 한다는 걸 알지만 지금이 너무 편해서 취업할 의욕이 생기지 않는다고 했다. 절실함이 사라진 순간 얼른 나태해진 일상의 고리를 끊고 마음을 다잡았다면 어땠을까.

둘째, 더 이상 배울 것이 없다. 매너리즘의 특징은 하던 일이 손에 익으면서 마음이 느슨해지고 더 이상 배울 것이 없다는 생각이 드는 것이다. 배울 것이 없는 사람은 성장을 기대할 수 없다. 이 세상에서 가장 어리석은 사람은 다 안다고 큰소리치는 사람이다. 아무리 배우고 익혀도 모르는 것은 반드시 있고, 오히려 배울수록 모르는 것이 더 많아지는 법이다. 세상은 변화무쌍하고 우리를 둘러싼 환경도 늘 바뀌기 때문이다. 얼마나 많은 사람이 변화를 거부한 채 관행이라는 이름으로 스스로 몰락했던가. 내가 다 안다고 느끼는 순간이 바로 리부팅을 할 시점이다.

셋째, 스스로 최고라는 생각이 든다. 한때 잘나가던 사람이나 기업이 위기에 몰리는 경우를 많이 봤다. 조직에서 초급 간부 시절에 유능하다고 칭찬받던 사람이 임원이나 경영자가 된 뒤에 힘들어하는 경우가 꽤 많다. 왜 그런 것일까? 그것은 멈출 줄 모르기 때문이다. 예를 들어, 과장일 때 사용한 성공의 방식을 더 위로 올라가서도 고수한다. 그러나 그 방식이 임원이 된 후에는 통하지 않아서 열심히 하는데도 저성과의 늪에 빠진다. 이럴 때는 잠시 멈추어서 일하는 방식을 수정하고 다시 시작하는 리부팅이 필요하다.

종합하자면, 일이 익숙해지고 일상이 친밀해질 때 한 번쯤은 리부팅을 고민해봐야 한다. 매너리즘에 빠지고 의욕이 없어지며 나태해질 때, 다시 말해 익숙함이 최고의 경지에 도달했을 때 우리는 멈추어야 한다.

기업 역시 마찬가지다. 세상도 변하고 기업도 변한다. 똑같은 노력과 시간을 투자해도 상황이나 환경이나 상대에 따라 결과는 다르게 나온다. 환경과 상황이 끊임없이 변하는데도 과거의 경험과 성공 방식에 사로잡혀서 멈출 줄 모르고 전진하려고만 해선 미래를 보장할 수 없다. 아날로그 기술로 승승장구하던 소니는 디지털 기술의 발전에 맞춰 사업구조를 전환할 타이밍을 놓쳤다. 스마트폰을 가장 먼저 개발한 노키아는 지금까지 성공을 이끌어주었던 달콤한 피처폰의 성과만을 즐기다가 위기에 빠져서 허우적거렸다.

잘나갈 때 품었던 전략이나 정책, 방안을 과감하게 버리고 멈춰야 한다. 우리는 망하지 않기 위해 멈출 수 있어야 한다. 한 번 써먹어서 성공한 방식이라고 해서 계속 고집해서는 안 된다. 적당한 때에 멈추어 서서 새로운 기회를 찾아 도전해야 한다. 지금껏 하던 일을 지금까지의 방식대로 계속하면서 도약할 수는 없다. 겨울잠을 자고 새봄을 향해 멀리 뛰는 개구리처럼 우리도 겨울잠을 잘 시기를 찾아야 한다.

권태를 설렘으로
전환하는 힘

두 나무꾼이 나무를 베고 있었다. A라는 나무꾼은 쉬지 않고 열심히 도끼질만 했고, B라는 나무꾼은 중간 중간 다른 짓도 하면서 도끼질을 했다. 그런데 결과는 쉬면서 했던 나무꾼이 나무를 더 일찍 벤 게 아닌가. 쉬지 않고 도끼질을 했던 나무꾼이 분해서 물었다.

"아니 그렇게 쉬면서 도끼질을 했는데 어떻게 나무를 나보다 빨리 베었나?"

그러자 다른 나무꾼이 답했다.

"네가 열심히 도끼질을 하는 동안 나는 도끼날을 갈았지."

나무꾼 A가 반복된 도끼질에 지쳐가는 동안 나무꾼 B는 멈췄다 다시 도끼질을 하면서 스스로에게 새로운 자극을 주었다. 잠시 힘을 비축했으니 더 힘을 낼 수 있었고, 새로 간 날이 얼마나 잘 들지 마음이 설레어 작업 속도도 더 빨라졌다.

다시 한 번 강조하지만 리부팅은 단순히 그냥 멈추는 것이 아니다. 그것은 목표를 생각하면서 처음 출발할 때의 다짐을 회복하고 내가 가진 도구를 갈아서 업그레이드하는 과정이다.

우리 삶에는 동일한 패턴이 있다

흥망성쇠. 모든 것은 흥하면 쇠하게 되고 쇠하면 다시 흥하게 마련이다. 영원할 것으로 믿었던 로마제국도 3세기 이후 심각한 위기를 겪다 결국 멸망했다. 동로마제국은 그 법통을 1000년 넘게 이었지만 서로마제국은 476년에 망했다.

오스발트 슈펭글러는 그의 명저 『서구의 몰락』에서 인간이 만든 문명도 생물학적 유기체처럼 생로병사를 겪는다고 주장했다. 문명은 탄생 초기에는 신비롭고 활력이 넘치지만 정점에 도달하면 힘이 꺾여서 결국 죽게 된다. 로마제국이 멸망한 것은 문명의 법칙에 의하면 너무나 당연한 것인지도 모른다.

이러한 패턴은 개인의 삶에서도 그대로 드러난다. 기업이나 직장인을 자세히 관찰하다 보면 그들의 생활에서 한 가지 동일한 패턴이 보인다. 그것은 출발(설렘), 익숙함(일상), 매너리즘(권태, 우울)으로 반복되는 패턴이다.

　베스트셀러 작가이자 인생 코칭 전문가인 조 루비노(Joe Rubino) 박사는 사물과 삶의 원리를 이해해야 진정한 힘과 유능함이 나온다고 말했다. 다시 말해 물리(物理)가 트여야 한다는 말이다.

　나무꾼 B는 매너리즘을 새로운 시작(설렘)으로 변환해서 변화와 새로운 도전이 일어나는 사이클로 바꿨다. 이런 일련의 과정이 바로 리부팅이다. 이를 더 자세히 살펴보자.

선택과 회복

처음 '출발'할 때는 누구나 설레고 의욕으로 가득 차 있다. 모두 열심히 한다. 지속적인 훈련의 과정, 즉 배우고 노력하고 경험을 쌓아나가면서 소위 전문가라고 하는 '익숙함'의 경지에 이르고 성과를 내게 된다.

　익숙한 상태가 지속되면 점점 현실에 안주하고 게을러지며 관행에 물들게 된다. 이런 시간의 경과에 자신을 맡기다 보면 곧 '매너리즘'에 빠진다. 그러면 권태, 무료, 불안, 좌절, 우울 등이 뒤따른다.

　이때 우리는 이러한 상태에 잠식되기보다 매너리즘을 극복하기 위한 적극적인 선택을 해야 한다. ㄱ 선택이란 멈추어 숨을 고르고 방향을 잡으며 다시 시작하고 흔들리지 않는 것이다. 이런 과정을

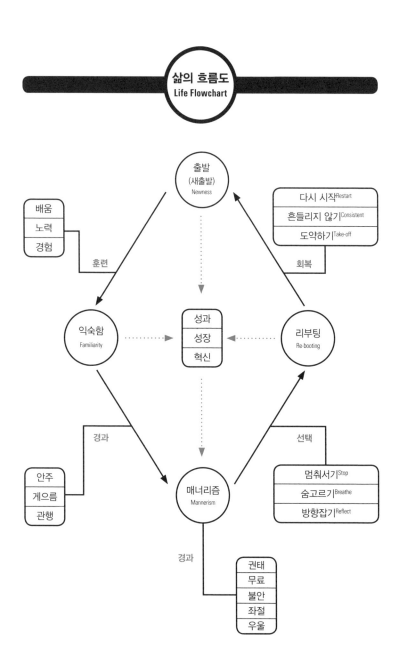

삶의 흐름도
Life Flowchart

출발
(새출발)
Newness

배움
노력
경험

훈련

익숙함
Familiarity

성과
성장
혁신

리부팅
Re-booting

다시 시작Restart
흔들리지 않기Consistent
도약하기Take-off

회복

경과

안주
게으름
관행

매너리즘
Mannerism

선택

멈춰서기Stop
숨고르기Breathe
방향잡기Reflect

경과

권태
무료
불안
좌절
우울

통해 우리는 또다시 도약하고 성장할 수 있다. 지난한 훈련과 의도적인 선택, 회복하려는 의지와 노력을 통해 또 다른 초심을 만들 수 있고 설렘을 창조할 수 있다.

이를 한눈에 볼 수 있도록 '삶의 흐름도'(좌)로 정리했다. 이 표를 통해 선택(멈춰서기, 숨고르기, 방향잡기)과 회복(다시 시작하기, 흔들리지 않기, 도약하기)의 과정을 거쳐 한 단계 성장한 출발지(초심, 설렘, 벅찬 감동)에 다시 이르는 리부팅의 과정을 살펴볼 수 있다.

리부팅의
여섯 단계

앞서 표로 전체적인 흐름을 소개한 리부팅의 과정을 좀 더 자세히 들여다보자. 리부팅은 다음 여섯 단계를 거쳐서 이루어진다.

1단계: 멈춰서기 Stop ──────────── 관점 리부팅

2단계: 숨고르기 Breathe ──────────── 목적 리부팅

3단계: 방향잡기 Reflect ──────────── 방향성 리부팅

4단계: 다시 시작하기 Restart ──────────── 프로세스 리부팅

5단계: 흔들리지 않기 Consistent ──────────── 유일성 리부팅

6단계: 도약하기 Take-off ──────────── 행동 리부팅

우선 1단계는 멈춰서기(Stop)다. 내가 어떤 것을 가지고 있고 무엇이 필요한지, 나의 현재 위치는 어디이며 주변에는 무엇이 있는지 등 나의 '상태'와 '상황'을 자각하는 단계다. 달리는 동안에는 풍경을 여러 방향에서 볼 여유가 없다. 그러므로 멈춰서 나에게 집중할 수 있는 시간을 충분히 확보하는 것이 우선되어야 한다. 그리고 천천히 주위를 둘러보며 자신을 힘들게 하는 것이 무엇인지 살핀다. 이를 '관점 리부팅'이라고 한다. 관점을 리부팅하다 보면 그동안 문제라고 생각했던 일들이 사실은 문제가 아니었을 수도 있고, 나를 괴롭히던 문제들이 의외로 간단하게 해결될 수도 있다.

2단계는 숨고르기(Breathe)다. 나의 상태와 상황에 대해 인지했다면, 어디로 가고 싶은지 정해야 한다. 목표 없이 무작정 움직이는 것은 시간과 에너지의 낭비다. 일단 숨을 고르면서 자신의 목적과 목표를 정하고, 그동안 달려온 길이 이와 부합하는지를 점검한다. 그리고 다시 목적에 주파수를 맞추어야 한다. 이것이 '목적 리부팅'이다.

3단계는 방향잡기(Reflect)다. 아무리 좋은 관점과 목적을 가지고 있더라도 가는 도중 방향을 잃어버리면 문제가 생긴다. 그러므로 나아가는 방향이 옳은지 그른지 알려주는 나침반을 만들어 방향을 잡고 수시로 체크해야 한다. 이것이 '방향성 리부팅'이다.

리부팅 과정에서 가장 주의를 기울여야 하는 단계가 바로 4단계, 다시 시삭하기(Restart)다. 여기서 말하는 재시작은 단순히 멈췄다 다시 움직이는 것이 아니다. 멈췄다 '다른' 방식으로 움직이는 것이

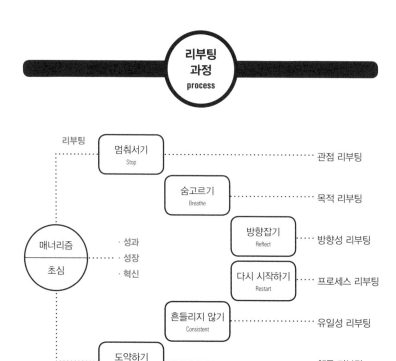

다. 그동안 해왔던 대로 움직여서는 리부팅의 의미가 없다. 그동안 해왔던 일의 프로세스에 새로 장착한 관점, 목적, 방향성을 적용해 재정립해야 한다.

지난 프로세스에서 무엇이 잘못되었는지 점검하고 이를 해결하기 위해 어떻게 하면 좋을지 고민하는 과정이 반드시 필요하다. 그동안 해왔던 습관이 몸에 남아 있기 때문에 이 과정을 생략하면 이전의 잘못된 프로세스로 되돌아갈 확률이 높다. 이때는 일과 생각의 흐름을 바꾸어주는 '프로세스 리부팅'을 함으로써 새롭게 시작할 수 있다.

다시 시작할 때는 처음 시작했을 때보다 더 큰 고통과 인내가 필요할 수도 있다. 마음과 몸의 관성에 반하는 행위이기 때문이다. 그러므로 지속적으로 리부팅을 이끌고 갈 힘이 필요하다. 이것이 5단계, 흔들리지 않기(Consistent)다. '나'의 정체성을 확립하면 환경이 변하고 상황이 바뀌더라도 흔들리지 않는다. 군중에 파묻혀서 허우적거리는 자신을 끄집어내서 나만의 유일성을 만들어내야 한다. 이러한 '유일성 리부팅'은 앞의 리부팅 단계들을 얼마나 성실하게 수행했는지 점검해볼 수 있는 단계다. 1~4단계를 단단하게 다져놓았다면 이 단계는 비교적 수월하게 넘어갈 수 있다.

마지막 6단계는 도약하기(Take-off)다. 리부팅이 궁극적으로 이루고자 하는 목표이자 완성의 단계다. 그동안 만반의 준비를 끝냈다면 이제는 드디어 실행에 옮길 때다. 이때 끝까지 해내는 '끈기'가 필요하다. 1~5단계를 원동력으로 삼아 도약하는 '행동 리부팅'으로 마침내 리부팅을 완성하고 성장할 수 있다.

다음 장부터는 리부팅의 흐름을 단계별로 보다 상세하게 설명할 것이다. 새로운 변화의 흐름을 만들어가는 리부팅의 구체적인 방법을 공유함으로써 앞만 보고 거침없이 달려온, 피곤하고 지친 독자들에게 활력과 설렘을 선물하고 싶다. 새로운 출발점에서 삶을 리부팅과 함께 시작해봤으면 한다.

쉬었다 가는 사람이 더 멀리 간다

내가 대기업에 다니던 시절, 함께 일했던 후배에게서 안타까운 소식이 들려왔다. 열심히 일해서 드디어 임원이 되었는데 폐암 말기 선고를 받았다는 것이다. 그는 내게 이렇게 말했다.

"선배님, 쉼 없이 달려온 제 몸이 이제 많이 지쳤나 봅니다. 이제부터라도 운동 열심히 하고 삶을 돌아보면서 지내려고 합니다."

"당연히 그래야지요. 앞만 보고 달려왔으니 여행도 하고 가족과 좋은 추억을 쌓으면서 새로운 행복을 느껴보세요."

그 만남 후 오래 지나지 않아 그가 세상을 떠났다는 소식을 들었다. 너무나 슬프고 안타까웠다. 그리고 마음 한편에서는 미안한 마음을 지울 수 없었다. 함께 일했던 시절 우리는 밤낮을 가리지 않고 일했다. 지금 와서 생각해보면, 내가 일하는 방식을 잘못 가르쳐준 것 같다. 나도 실은 대기업을 나오고 나서야 쉼의 가치를 깨달았기 때문이다.

공부하는 학생이든 취업을 준비하는 젊은이든 비즈니스 현장에 있는 사람이든, 쉬었다 가는 사람이 더 멀리 갈 수 있다. 그렇다면 쉬었다 가는 것이란 무엇을 의미하는가. 마냥 소파에 누워 쉬라는 것이 아니다. 물론 아무것도 할 수 없을 정도로 지친 상태라면, 그 무엇보다 가만히 쉬는 게 우선이다. 문제는 사람들이 쉬고 나서 다시 예전의 삶으로 돌아간다는 것이다. 리부팅에서의 쉼이란 변화를 전제로 한 육체적, 정신적 쉼을 의미힌다. 어떻게 하면 이처럼 건강하고 긍정적인 쉼을 가질 수 있을까?

첫째로 일과 삶의 균형을 유지해야 한다. 우리 삶에서 무엇 하나가 전부일 수는 없다. 일과 삶 사이의 균형이 과도하게 깨질 때 문제가 생긴다. 건강검진을 하듯 일과 삶의 균형이 깨진 것이 아닌지 살펴볼 필요가 있다. 과로해서 문제가 생기면 본인은 물론이거니와 본인이 속한 공동체에도 손실이다.

내 아이들도 직장생활로 눈코 뜰 새 없이 바쁘다. 그래서 나는 아이들에게 운동화를 선물해주었다. 퇴근 시간을 앞당기고 한 시간 정도는 걸어서 퇴근하길 바라는 마음에서였다. 걷다 보면 생각할 시간이 생긴다. 복잡한 머리도 정리할 수 있고 마라톤과 같은 직장생활을 이어갈 새로운 힘을 얻을 수 있다. 일과 삶의 균형을 맞추는 것이 그리 거창한 일은 아니라고 생각한다.

둘째는 공부하는 것이다. 쉬라고 해놓고 공부를 하라니? 직장인에게는 공부가 쉼이 될 수 있다. 회사에서 시키는 일을 해내기에 급급하다가 일이 손에 익으면 메너리즘에 빠진다. 내가 보아온 많은 직장인의 모습이었다.

미국에서 어느 기업에 취업한 한국 유학생을 만난 적이 있다. 그는 입사한 뒤

몇 달간 일이 없어서 고민했었다고 한다. 아무도 그에게 일을 주지 않았다. 그래서 상사에게 말했다. 일을 주시면 열심히 할 텐데 왜 일을 시키지 않느냐고. 그랬더니 상사는 "내가 훌륭한 후배를 어떻게 가르치고 일을 시킬 수 있겠느냐"며 "조직의 성장을 위해 더 좋은 콘텐츠나 아이템을 가져온다면 팀을 만들어서 돕겠다"고 했다.

그저 직무훈련을 받아서 앞 사람들이 한 일을 그대로 답습하기만 하면 멀리 가지 못한다. 쳇바퀴처럼 돌아가는 직장생활의 고리를 끊어내고 벗어날 수 있도록 스스로에게 공부라는 쉼을 주어야 한다. 자기 일을 더 깊이 있게 연구해도 좋고 다른 공부로 자기계발을 해도 좋다. 직장에 매몰되어가고 있다면 도약을 위해 공부라는 쉼이 필요하다.

셋째는 쉬는 동안 과감한 도전 목표를 세우는 것이다. 내가 충분히 할 수 있을 만한 목표를 세우라는 게 아니다. 너무 커서 감히 해낼 수 있을까 하는 목표여야 한다.

1990년대에 국내에서 갓 이류를 벗어난 삼성전자는 글로벌 시장에서 초일류를 이루자는 과감한 도전 목표를 제시했다. 무모해 보이기까지 했지만 결국 그것을 이루었다. 2002년 월드컵 대표팀을 이끈 히딩크 감독의 4강 신화도,

베트남 축구대표팀 박항서 감독의 승리도 불가능해 보이는 목표에 과감하게 도전한 결과라고 할 수 있을 것이다. 이처럼 과감한 도전 목표는 우리를 이끄는 원동력이 된다.

마지막으로 매력을 만들어가야 한다. 노벨 경제학상을 수상한 대니얼 카너먼(Daniel Kahneman)은 "성공을 위한 가장 중요한 조건은 지능이나 학벌, 운이 아니라 바로 매력이다"라며 매력이 자본이라고 주장했다. 쉬는 동안에 자신의 매력을 만드는 것은 멀리 가기 위한 기반이 된다. 전 세계적인 센세이션을 불러일으키고 있는 방탄소년단은 그들만의 매력으로 정상에 오른 좋은 예다. 그들을 세계적인 스타로 키운 것은 돈도 스펙도 인적 네트워크도 아니었다. 그들만의 스타일, 그들만의 스토리, 그들만의 퍼포먼스였다. 쉬었다가 간다는 것의 참된 의미는 또 다른 측면에서의 나를 가꾸는 것이다.

자신이 성공했다고 느끼는 사람일수록 쉬었다 가야 한다. 성공한 자신에게 도취되기 쉽기 때문이다. 그리스 시인 테오그니스(Theognis)는 이렇게 말했다. "신은 파괴하고 싶은 사람이 있을 때 가장 먼저 그 사람에게 유망한 인재라고 말하며 쉼 없이 전진하라고 한다."

1단계

멈춰서기
: 관점 리부팅

효과적인 활동을 했으면

조용히 되돌아보라.

조용히 되돌아보면

훨씬 더 효과적인 활동을 하게 된다.

_피터 드러커

삶의
소용돌이에서
빠져나오려면

오스트리아에서는 다뉴브 강을 헤엄쳐 건너는 경기가 열리곤 한다. 이때 많은 선수가 강의 중심에서 경기를 포기한다. 소용돌이 지점으로 가장 위험한 곳이기 때문이다. 소용돌이 지점에서는 아무리 수영을 잘하는 사람도 맥을 못 춘다. 몸을 움직이면 움직일수록 점점 더 깊은 곳으로 빨려 들어가고, 결국 기진맥진해서 경기를 포기하게 된다. 그러나 그 거센 물결을 극복하고 앞으로 나아가는 선수들이 있다. 비결이 뭘까? 그것은 소용돌이에 몸을 잠시 맡기는 것이다. 물살에 몸을 맡기는 사람은 소용돌이로 빨려 들어갔다가 이내 수면 위로 다시 떠오른다. 소용돌이가 내 몸을 빨아들였다 되돌려놓을 때까지 잠시 가만히 있는 것, 어찌 보면 아주 단순한 요령이다.

만약 지금 삶의 소용돌이에 휘말려 허우적대고 있다면, 무작정 벗어나려고 팔다리를 휘젓고 있다면, 잠시 멈춰 흐름에 몸을 맡겨보라. 나는 힘들 때면 일단 멈춘다. 무언가 답답하고 일이 잘 풀리지 않을 때는 골방에 틀어박혀 조용히 생각을 가다듬으면서 멈춤의 시간을 갖는다. 컴퓨터나 스마트폰은 물론 세상의 어떤 정보와도 철저하게 단절하고 오직 나 자신과 마주한다. 그리고 그 일을 처음 시작했을 때의 상태와 마음가짐을 떠올린다.

많은 사람이 힘들 때 자기 자신과 마주하기 어려워한다. 초라한 자신과 마주하기 두렵고 현실을 직면하는 것이 불편하기 때문이다. 그러나 세상의 정보와 단절되고 정적이 흐르는 순간에는 어쩔 수 없이 스스로를 마주하게 된다. 조용한 곳에서 자신을 들여다보고 지금까지 달려온 길을 돌아볼 필요가 있다. 세상의 시끄러운 소리에 현혹되기보다 자기 자신의 내면에서 나오는 깊은 소리를 듣는다.

매너리즘에 빠졌을 때도 마찬가지다. 매너리즘을 다른 말로 '타성에 젖는다'라고도 표현한다. 치열한 경쟁을 뚫고 어느 위치에 올라도 시간이 흐르면서 매너리즘에 빠질 때가 있다. 매너리즘은 어디서 오는 것일까? 물론 그것은 일상이 쳇바퀴처럼 반복되는 데서 연유한다. 그러나 그 이전에 마음이 무장해제되었기 때문이다. 사람들은 귀한 것을 얻기 전의 절실함을 잊어버린다. 마치 신비스런 아름다움을 바라보는 연인 사이일 때와 달리 결혼 후에 일상이 되어버린 부부의 매너리즘과 닮았다. 이럴 때 우리는 잠시 멈춰 자기 자신과 대화를 해야 한다. 세상의 그 어떤 요란한 소리에도 현혹되지 말고 나 자신의 소리에 귀 기울여야 한다. 스스로에게 질문해보자.

1. 현재 나를 둘러싼 문제들은 무엇인가?
2. 왜 이런 결과가 나타난 것인가?
3. 반성할 것과 버릴 것은 무엇인가?

스스로 만족하지 못하는 상황은 계속 발생할 것이다. 그렇다면 이러한 상황이 왜 반복되는지, 무엇을 반성하고 버릴지 찬찬히 생각해보라. 여기서 이야기하는 '버릴 것'은 부정적인 생각을 비롯해 대충 타협하려는 습관, 무조건 군중을 따르는 행동 등을 말한다. 예컨대 어떤 일을 마지못해 하면서 '기회만 되면 당장 그만둘 거야' 하는 부정적인 생각, 신세타령이나 하면서 술로 세월을 보내는 습관 등이 될 것이다.

이것이 바로 리부팅의 첫 번째 단계인 '멈춰서기'다. 세상을 생각, 감정, 행동으로 구분했던 아리스토텔레스는 "사람은 반복해서 하는 행동으로 정의된다"고 했다. 내가 매일 하는 일을 떠올려보자. 그것이 나의 정의라는 데 만족하는가? 그게 아니라면 멈춰야 한다. 일단 멈춰서야 반복해서 하는 행동을 교정할 수 있다.

다른 관점,
다른 세상

멈춰서기의 핵심은 관점을 바꾸어서 생각해보는 것이다. 멈추지 않으면 내가 바라보는 관점이 옳은지 그른지를 알 수가 없다. 어떤 관점에 한번 매몰되면 다른 관점으로 다르게 바라보기가 너무나 힘들기 때문이다. 얼마나 많은 성공한 사람이, 리더와 회사가 관점을 바꾸지 못하고 '관행과 관습'이라는 괴력에 이끌려서 쇠락해갔는가. 달리는 것도 중요하지만 제대로 가고 있는지 확인하는 것은 더 중요한 일이다. 멈추어 서서 바라보면 관점을 재정립할 수 있고, 지금까지 그냥 지나쳐버렸던 것들을 새롭게 다시 볼 수도 있다.

아픈 상처로 힘들어하고 있는가? 그렇다면 관점을 바꿔보자. 나 자신 말고는 아무도 내게 상처를 줄 수 없다. 똑같이 상처를 받아도 어떻게 보느냐에 따라서 크게 상처를 입을 수도, 아닐 수도 있다. 지나간 상처는 과거로 흘려보내고 다가올 미래를 위해 마음의 평정을 유지하려면 하나의 관점에만 매몰되어선 안 된다.

큰 성취를 이루고 싶은가? 역시 관점을 바꾸는 것이 중요하다. 뭔가를 이루어내기 위해서는 수많은 선택을 해야 한다. 그리고 잘 선택하기 위해서는 여러 관점으로 사안을 검토하는 것이 중요하다. 리부팅은 단발적인 선택은 물론 삶 전반을 올바른 방향으로 이끌어준다.

이처럼 힘들 때나 교착상태에 빠졌을 때는 잠시 멈춰서 내가 하고 있는 선택이 옳은 것인지 다양한 관점에서 살펴보는 것이 도움이 된다. 선택의 기준은 사람마다 다르겠지만 다음의 기준에 부합한다면 옳은 선택일 확률이 높다.

1. 역사에서 배울 만한 가치가 있는 것을 선택한다. 비슷한 상황에서 성공한 사람은 어떤 선택을 했는지 참고하고 이를 선택의 기준점으로 삼는다.
2. 모든 선입견을 배제하고 올바르다고 판단하는 것을 선택한다.
3. 직관을 활용한다. 우리의 직관은 관점의 리부팅을 통해 더욱 예리해지고 명확해질 수 있다.
4. 실행에 옮길 수 있는 결단을 선택한다. 실행이 전제될 때라야만 좋은 선택이라고 말할 수 있다. 아무리 좋은 선택이라도 행

동으로 옮길 수 없다면 무용지물이 된다.

좋은 선택을 하고 목적을 이루기 위해 무엇보다 중요한 것은 자신을 깨트리는 것이다. 씨앗을 깨고 싹이 나서 자라듯이 기존의 관점을 깨트리고 새로운 관점을 가지면 정신이 성숙한다. 도약과 성장에는 공짜가 없다. 새롭게 다시 보는 '관점 리부팅' 또한 쉬운 일은 아니다. 수없이 반복해야 할 수도, 고통스러울 수도 있다. 그러나 관점 리부팅을 이어가다 보면 새로운 관점만큼 새롭게 태어나는 자신을 느낄 수 있을 것이다. 이제부터 본격적으로 관점 리부팅을 시작해보자.

모판을
새로 짜라

새 씨앗을 뿌리려면 모판을 새로 만들어야 한다. 새로운 프레임 (Frame)을 만드는 것이다. 내가 삼성전자에서 전략을 짜는 직무를 맡았을 때다. 당시 전자제품 시장은 사은품이나 가격 할인으로 소비자를 끌어들이고 시장을 주도했다. 그것이 당연한 경쟁 전략이었고 매번 그런 방법만을 사용했다.

하지만 나는 '혁신적인 브랜드와 제품의 이미지로 고객을 사로잡을 수 있다면 그런 것에 공력을 들일 필요가 없지 않을까?'라는 생각으로 빨간색 냉장고를 만들자고 주창했다. 기존의 냉장고와 전혀 다른 파격적인 디자인을 통해 세련된 제품으로 포지셔닝하고 고객을 사로잡고 싶었다.

그렇게 '하우젠'이라는 브랜드가 탄생했다. 가격과 사은품, 교환 판매 등 기존 틀에서 벗어나 새로운 가치를 제공하는 디자인과 색상으로 관점을 돌린 것이다. 모두 많이 걱정했지만 결과는 대성공이었다.

어떻게 경쟁자를 물리치고 이길 것인가에만 집중하는 대신 싸움의 장 자체를 다르게 설계하는 것, 그것의 위력을 나는 그때 깨달았다. 그 일은 새 모판을 만들어내는 것이 얼마나 중요한가를 새삼 인식하는 계기가 되었다. 물론 그것은 쉬운 일이 아니다. 하지만 새로운 접근을 하지 않고서는 멀리 갈 수 없다. 타성에 젖어 하던 대로 반복하는 것을 멈추고 사안을 다른 장르로 바라볼 수 있어야 한다.

변화를 피할 수 없으면 모판을 바꿔라

변화와 불확실성의 시대에 원하는 목표에 도달하려면 어제의 성공 모델만으로는 부족하다. 새 모판을 만드는 새로운 접근이 절실하다. 이것은 시장의 동향과 고객의 필요를 이해하려는 노력에서 시작된다. 세상의 변화를 감지하고 고객이 중요하게 생각하는 가치를 제공하는 창조적 틀을 만드는 것이다.

예전에는 문구용품 하면 오래 사용할 수 있는 내구성이 중요하게 평가받았다. 어느 회사 제품이 더 오래 사용할 수 있는지, 더 단단하게 제작되었는지가 가장 중요한 틀이었다. 그런 환경에서도 누군가는 소득 수준이 향상되면서 문구의 위생이 중요해질 것이라는 판단을 했다. 문구에 대한 '가치의 틀'을 새로이 짜서 '항균노트'처럼 위생을 강조한 제품을 출시했고 성공했다.

이는 조직 공동체뿐만의 이야기가 아니다. 어제까지 한 분야에서 최고의 전문가로 인정받았다 할지라도 새로운 분야에서 개척하고 연구하지 않으면 곧 쇠락할 수밖에 없다. 자신이 이루고자 하는 목적을 달성하기 위해 필요한 것들이 무엇인지를 파악하고 그것들을 얻을 수 있는 틀을 만들어야 한다.

알리바바의 창업자 마윈은 명문대학에 들어가 학위를 받고 하버드 대학에 진학하고 싶었다고 한다. 그러나 그는 몇 번이나 하버드 대학 진학에 실패하자 새로운 모판을 짠다. 학업을 포기하고 창업으로 자신을 증명하기로 한 것이다. 결과적으로 그는 세계 240여 개국 5만여 회원이 있는 중국 최대의 전자 상거래 회사를 창업할 수 있었다.

큰 성공을 이룬 그는 또 한 번 창조적 틀을 만들었다. 2013년 54세 때 돌연 은퇴를 선언하며 집단지도 체제라는 경영지도 체계를 만들어 오히려 은퇴가 없는 새로운 알리바바의 리더가 되었다. 그는 『마윈, 내가 본 미래』라는 책에서 이렇게 말했다.

"앞으로 100년 동안 인류는 자신에게 불필요한 것들이 무엇인지 알아야만 한다. 무엇이 불필요한지 알게 되었을 때, 비로소 무엇을 지켜가야 하는지 알 수 있다."

여러분에게 불필요한 것은 무엇인가? 그것들을 제외하고 남은 것이 바로 여러분이 지켜야 할 것이다. 그것으로 새로운 틀을 만들어보자.

이웃은
다른 세상을
보여주는 통로다

아프리카 밀림에는 힘이 센 코끼리도 있고 사자, 코뿔소도 있다. 하지만 재미있게도 아프리카에서 적수 없는 절대 강자는 개미 떼라고 한다. 개미 떼만 나타나면 어떤 짐승도 살아남지 못하고 뼈만 앙상하게 남는다. 가장 연약한 개미가 가장 큰 힘을 발휘하는 원동력은 무엇인가. 그것은 윈윈 파트너십(win-win partnership), 즉 서로 도와주며 힘을 합치는 것이다.

개미들의 활동과 공동체 생활을 관찰해보면 음식을 찾는 개미, 알을 돌보는 개미, 병정 개미 등 철저히 역할 분담을 하고 있다. 여왕개미는 알을 낳기 위해서만 자신의 에너지를 사용하고, 추가로 다른 개미들을 마구 집어넣어도 금세 자기가 해야 할 일을 찾아 질서

정연하게 움직인다.

　우리도 개인적으로는 미약하지만 서로 힘을 합치면 힘든 일도 능히 극복할 수 있지 않을까? 이웃은 나를 지탱해주는 큰 버팀목이자 자극제이며 다른 세상을 보여주는 통로이기도 하다. 인간은 사회적 동물이라고 하지 않던가. 서로 이해하려고 노력하고 이웃으로서 함께 생존해나갈 때 힘든 일도 가벼워진다.

다른 사람의 눈으로 세상을 보는 경험

동료나 이웃과 좋은 관계를 유지하는 것이 중요한 이유는 다양한 관점을 접함으로써 나의 관점을 넓힐 수 있기 때문이다. 포용력이 넓어지면 더 좋은 사람들이 주변에 찾아오게 되어 있다. 미국의 사회학자 짐 론(Jim Rohn)은 "평상시 만나는 사람 5명의 평균치가 바로 자기 자신의 인생"이라고 말했다. 우리는 서로 영향을 주고받으며 살아간다. 다양한 역할을 가진 사람은 다양한 경험과 관점을 갖고 있다. 그런 것들을 흡수하면 나의 세계는 더 넓고 풍부해진다. 좋은 관점을 가진 사람들을 만나는 것은 새로운 접근의 필수요소라 할 것이다.

　흔히들 '역지사지'라고 한다. 다른 사람의 처지에서 생각해보라는 것이다. 이 말은 갈등이 생겼을 때 주로 쓰이는 경향이 있지만 관점 리부팅에서도 중요한 개념이다. 역할을 달리해서, 다른 사람의 입장에서 생각하면 새로운 접근방식이 탄생할 수 있기 때문이다. 그러므로 다양하고 좋은 사람을 만나는 것 또한 관점 리부팅의 과정이다. 다른 사람들의 관점을 통해 세상을 보는 것이다. 이런 경험을 통해 다른 관점과 통찰력을 얻을 수 있다. 특히 일에서 매너리즘에 빠지거나 잘 풀리지 않는 상태라면 이것이 더욱 중요하다.

이때 만나는 사람이 꼭 해당 분야에서 대성한 전문가일 필요는 없다. 부하직원이 되었건, 상사가 되었건, 친구가 되었건, 제3자가 되었건 다른 이의 경험을 통해 내가 경험하고 배울 수 있으면 된다. 책이나 영화, 논문 등 매체를 통한 경험이어도 좋다.

주변을 둘러보라. 충분히 훌륭한 사람들이 있을 것이다. 그들을 곁에 두고 그들의 관점에 관심을 가져라. 때론 전혀 풀리지 않던 골치 아픈 문제가 다른 사람의 관점으로 생각해봤을 때 쉽게 풀리기도 한다. 이 세상 누구라도 나의 스승이 될 수 있다. 이런 자세를 가지면 다른 사람이 나와 다른 관점을 가지고 있어도 갈등을 만들기보다는 나의 관점이 넓어지는 계기로 삼을 수 있다.

물론 기회가 된다면 큰 성취를 이룬 개인이나 실적이 좋은 조직을 가까이 하는 것이 좋다. 예를 들어 직장에서 실력 있는 사람과 함께 일할 기회를 가지면 나도 함께 성장할 가능성이 높다. 그들이 일하는 방법을 자세히 살펴보고 끊임없이 질문하고 배우자. 그다음에는 배운 것을 스스로 생각하고 되새겨 자기 것으로 만들어야 한다.

그러다 보면 스스로 해답을 깨우치게 될 것이다. 배움만 있고 내 것으로 승화시키지 못한다면 그것은 결국 누구나 알고 있는 일반적인 지혜에 불과하다. 내 것으로 체화했을 때 비로소 그것은 특별한 비결이 된다.

작은 일에서
의미를 찾아라

앞에서도 말했지만 나는 대기업에 들어간 지 꼭 3년 차 되던 해에 매너리즘에 빠졌다. 처음에는 매일 아침 일찍 출근해서 보다 좋은 성과를 달성하고 상사한테 인정받는 밝은 미래를 꿈꾸면서 열정적으로 일했다. 그러나 반복되는 일상이 3년쯤 이어지자 어느새 나는 새로운 도전보다는 그저 해야 할 일을 기계적으로 처리하고 있을 뿐이었다.

당시 나는 기획업무를 맡고 있었는데 보고서를 쓰고 전략기획을 하는 일에 익숙해지니 일에서뿐만 아니라 매사가 재미없고 식상해 보였다. 무슨 일을 하든 똑같이 느껴지고 내가 하는 일이, 심지어 내 인생이 무의미한 것처럼 느껴졌다.

그즈음 나의 상사는 내게 도전할 거리를 찾아보라고 조언했다. 도전이 없으면 무료해지고 쉽게 지쳐서 멀리 갈 수 없다고 했다. 당시에는 갸우뚱하기도 했다. 수많은 도전을 거쳐 겨우 지금에 이르렀는데 또다시 도전할 거리를 만들라니, 왜 그렇게 힘들게 살아야 하나 싶기도 했다.

고민에 빠진 나는 그동안의 삶을 돌이켜보았다. 내가 겪은 도전들을 떠올리다 보니 '그때 참 재미있었지'라는 생각이 들었다. 당시엔 분명 무척 힘들었는데 시간이 지나서 돌이켜보니 그때처럼 가슴이 뛰고 하루가 짧게 느껴진 적이 없었다. 뭔가에 도전하는 것 자체가 나에게 큰 의미였다는 걸 깨달았다. 그제야 상사의 말이 조금씩 이해 가기 시작했다.

넋 놓고 의미를 기다린다고 의미가 생길까? 스스로 도전할 거리를 찾아서 의미를 부여하지 않으면 아무도 반복되는 일상의 고리를 끊어주지 않는다. 세월은 무심하게 흐르고 그동안 나는 무기력에 잠식당할 것이다. 다시 시작하려면 계기가 필요하다. 도전은 그런 계기를 만들어준다.

의미는 스스로 부여하는 것이다

의미를 부여한다는 것은 무엇일까. 나는 그것을 '모든 것에서 배울

거리를 찾는 것'이라고 해석했다. 인간은 일생 동안 배워야 한다. 배움을 잃어버리면 성장이 멈춘다. 여기서 배움이란 지식을 습득하는 것이라기보단 지혜를 얻는 것에 가깝다. 그것은 통찰력을 얻기 위한 배움이라고 할 수 있다. 평범한 일상을 사는 직장인에게 배움은 가장 손쉬운 도전이다.

번뜩이는 아이디어와 새로운 시도로 가득했던 나의 보고서와 전략기획들은 시간이 지나면서 천편일률적으로 변했다. 일에 익숙해지면서 일종의 요령을 터득하니 공식대로 안일하게 일한 결과였다. 나에게는 분명 새로운 도전이 필요했다.

그래서 나는 하루 한 가지 의미 있는 일을 하기로 결심했다. 그것이 작은 일이든 큰 일이든 나름대로 의미가 있다고 믿고 그 일에 의미를 부여하기로 했다. 다른 산업이나 회사에서 시행한 흥미로운 기획사례를 찾아보기도 하고, 직장 상사의 조언을 듣거나 기획에 관한 책을 보기도 했다. 매일 하루 일과가 끝나면 오늘 한 일의 의미를 한 줄로 적었다.

하찮아 보일지 몰라도 그런 일들이 나에겐 도전이었다. 도전이라고 해서 그리 거창할 필요는 없다. 일상의 작은 도전으로도 충분하다. 그러니 그 일에 정당한 의미를 부여하라. 세상에 의미없는 일은 없다. 아무리 작은 일이라도 의미를 찾으면 보람과 행복을 느낄 수 있다.

매너리즘에 빠졌는가? 매일같이 하던 일에 의미를 부여하는 작은 도전을 실천해보자. 반드시 뭔가를 배울 수 있다. 실제로 나는 그렇게 한 후로 일을 대하는 자세가 달라졌다. 일을 다각도로 보기 시작하면서 매일 하던 식상한 일이 새롭게 느껴졌다. 그리고 거기에서 통찰력을 얻을 수 있었다. 일상의 작은 변화가 시작이 되어 삶이 바뀌는 것이다.

관점을 바꾸면
고통도 작아진다

다른 사람, 일, 혹은 환경과 상황이 우리를 힘들게 만들 때가 있다. 힘든 시간을 무조건 참는 것이 능사가 아니다. 그냥 견뎌내라고 말하는 것이 얼마나 가혹한지 잘 알고 있다. 힘들 때는 세상에서 내가 가장 힘든 것 같고, 그 고통이 영원히 사라지지 않을 것만 같다. 힘들어하고 분노하다가, 심지어는 삶에 의욕을 잃어버리기까지 하는 사람을 많이 보았다.

힘듦의 고리를 끊으려면 멈춰야 한다. 관점 리부팅을 통해 이리저리 달리 생각하다 보면 새로운 통찰을 얻을 수 있다. 그러면 감당하기 힘든 일이 생기더라도 좀 더 지혜롭게 극복할 수 있을 것이다. 멈춰 서서 고통을 마주하자. 그리고 다음 네 가지 관점으로 고통을 바라보자.

첫째, 영원한 고통은 없다. 그 어떤 고통도 언젠가는 지나가고 자유로움을 느낄 때가 온다. '이 고통에서 벗어나기만 하면 정말 좋을텐데'라고 생각하지만 막상 고통에서 벗어나면 자유를 마음껏 누리지 못하는 사람이 많다. 훨씬 작은 고민으로 또다시 힘들어하거나 다른 고통이 찾아올까봐 불안해한다. 힘들지 않을 때는 자유를 한껏 즐기고 그 느낌을 기억해두자. 그 기억은 힘들 때 큰 위로가 될 것이다.

둘째, 고통은 자연발생적이다. 누구에게나 힘든 시간이 있고 고통이 찾아온다. '왜 나에게만 이런 고통이 올까'라고 생각하기보다 비가 오고 계절이 바뀌는 것처럼 자연스럽게 여기자. 고통은 내가 얼마나 비중을 두고 민감하게 반응하는가에 따라 더 힘들게 느껴지기도 하고 가볍게 느껴지기도 한다. 그러므로 현상을 그대로 보되 더 큰 비중을 두어서 생각하지 않는 것이 중요하다.

셋째, 나를 힘들게 만드는 것에 먹이를 주지 마라. 예를 들면 분노라는 괴물은 분노에 대한 이야기를 먹고 자란다. 나를 힘들게 한 것들에 대해 계속 이야기하고 끄집어내는 것은 그 괴물에게 먹이를 주는 것과 같다. 고통을 주는 것들에 대해 더 이상 생각하지 말자. 고통은 더 이상 버티지 못하고 사라질 것이다.

넷째, 모든 생각을 긍정의 연민으로 채워라. 나를 힘들게 하는 사람을 불쌍하고 측은하게 여겨보자. 아무리 미운 사람이라도 누군가를 이해하려고 하다 보면 오히려 내가 치유됨을 느낄 수 있다.

또한 다음 네 가지 힘을 키우면 고통에 쉽게 흔들리지 않고 보다 의연하게 대처할 수 있다. 우선 체력이다. 체력이 따르지 않으면 아무것도 할 수 없다. 두 번째는 실력이다. 여기서 말하는 실력은 문제해결능력을 말한다. 문제해결능력을 키우기 위해서는 관점을 바꾸어야 한다. 많은 사람이 누군가 정해준 관점으로 사물을 바라보고 누군가 정해준 답을 찾으려고 애쓴다. 그렇게 찾은 답은 진짜가 아니다. 자신의 관점으로 자신의 정답을 찾아야 한다. 세 번째는 마음의 힘이다. 어떤 환경이나 상황의 변화가 오더라도 핵심을 놓치지 않고 평온함을 유지하며 이성적이고 객관적으로 일을 처리하는 능력이 바로 심력이다. 마지막은 믿음의 힘이다. 자신을 믿고 자신의 비전을 믿어야 한다.

남의 행동이나 상황은 내 마음대로 조종할 수 없다. 하지만 그 행동에 어떻게 반응하느냐는 전적으로 나에게 달렸다. 나 자신 말고는 나를 해칠 자가 없다. 결국 상대방의 행동이나 환경에 내가 어떻게 반응할 것인가를 결정하는 사람은 바로 나 자신이기 때문이다. 이것을 깨달으면 원치 않는 환경과 어쩔 수 없는 상황에서도 객관적이고 능동적으로 반응할 수 있다.

소유지향적 질문에서
존재지향적 질문으로

대기업에 다니는 모 과장이 훌륭한 기업가가 되려면 어떻게 해야 하느냐고 나에게 질문했다. 꿈을 갖고 열심히 일하라는 말은 당연한 말이다. 중요한 것은 '어떻게 그 꿈을 이룰 것인가'다. 나는 조언을 구하는 멘티들에게 항상 두 가지 질문을 한다.

1. 좋아하는 일이 무엇인가?
2. 남을 이롭게 하는 일은 무엇인가?

돈을 아무리 많이 벌어도 발전이 없는 사람이 있고, 돈을 많이 못 벌어도 항상 발전하는 사람이 있다. 자신과 일과 세상을 바라보는 관점이 다르기 때문이다. 돈을 많이 벌어도 지금 내가 하는 일이 재미없고 유익하지 않다고 생각한다면 일을 바꾸어야 한다. 만약 일을 바꾸지 못하겠다면 마음을 바꾸어야 한다. 자신이 하고 있는 일의 장점을 발견하고 유익한 결과를 생각해보는 것이다.

지금 하고 있는 일을 좋아하고 즐겁게 하라. 지금 하고 있는 일로 남을 유익하게 하라. 이것이 내가 제시하는 변화의 핵심이다. 멀고 서창한 곳에 엄청난 성공의 원리가 존재하는 것이 아니라 바로 현재를 어떻게, 어떤 자세로 보내는가에 성공의 비밀이 있다.

어느 날 지방에 강의를 하러 가느라 KTX를 탔다. 옆 좌석에서 한 부부가 도시락을 먹고 있었는데 아내가 끝없이 불평을 늘어놓았다. '채소가 신선하지 않다' '날씨가 변덕스럽다' 등등. 아내는 도시락을 다 먹은 뒤에야 불평을 멈췄다.

"아휴 맛없어. 억지로 먹었네."

심리학자들은 불평만 하는 사람은 소유지향적 세계관을 갖고 있다고 말한다. 현재 자신이 가지고 있는 것은 전혀 보지 못하고 원하는 것, 갖지 못한 것, 갖고 싶은 것, 되고 싶은 것에만 초점을 맞추는 것이다. 소유지향적인 세계관으로는 무엇을 가져도 영원히 행복할 수 없다. 아무리 많이 가져도 없는 것만 생각할 테니 말이다.

반면 존재를 우선하는 존재지향적 세계관을 가진 사람은 '나는 어떤 존재인가'를 자문하며 자신을 더욱 가치 있게 만들려고 노력한다. 우주의 기원과 블랙홀을 연구한 스티븐 호킹 박사는 스무 살 때

운동신경 세포만 사멸하는 루게릭병으로 곧 죽을 것이란 진단을 받고서도 연구에 몰입했다. 많은 사람이 병 때문에 불편하지 않으냐고 질문했지만 그럴 때마다 스티븐 호킹 박사는 이렇게 답했다.

"처음 병에 걸렸다는 사실을 알았을 때는 절망했습니다. 그러나 다시 살아날 수만 있다면 인류를 위해 값지게 살겠다고, 다시는 절망하지 않고 병을 이겨내겠다고 결심했습니다. 우주를 연구하는 데 건강한 몸이 필수는 아니잖아요. 건강한 사람이라도 우주 끝까지는 가볼 수 없으니까요."

끝없이 절망해도 이상하지 않을 상황에서도 호킹 박사는 자기 존재의 의미를 찾았다. 그 결과 그는 전 인류에게 소중한 존재가 되었다. 현상을 바라보는 관점의 차이는 결과에 있어 큰 차이를 만든다. 그리고 무엇보다 우리를 행복하게 만들어준다.

사실보다 인식에 주목해야 한다

내가 대기업에서 전략업무를 담당할 때다. 당시 고객의 편익을 극대화하기 위해 새로운 유통을 어떻게 만들고 진행할 것인가를 놓고 많은 연구와 논의가 있었다. 컴퓨터를 많이 팔기 위해 전문점을 만들어야 하는가, 휴대폰을 많이 팔기 위해 일반 전자제품 대리점에서도 제품을 팔도록 허용할 것인가, 일반 다리미나 헤어드라이어, 면도기 등 소형 제품을 많이 팔기 위해 별도 전문 편의점을 만들어야 할 것인가 등 제품별로 적합한 유통 경로를 설정하기 위한 시뮬레이션을 진행했다. 그 결과 소비자가 바로 들고 갈 수 있는 소형 제품만 취급하는 10평 남짓한 전자제품 편의점을 만들기로 결정하고 적극적으로 추진했다.

그러나 그 계획은 6개월 만에 보기 좋게 실패했다. 많은 돈을 투자한 프로젝트였기에 무척 난감했다. 패인은 콘셉트에만 몰입한 전략에 있었다. 전자제품 편의점은 소형 제품만을 판매하는 곳으로 정했기에 텔레비전이나 냉장고, 에어컨 같은 대형 제품도 판매하겠다는 점포들은 규제했다. 이는 회사가 추구하는 '편익을 통한 고객서비스'에서 멀어지는 결과를 초래했다.

소형 취급점을 추진할 당시에는 소형 제품만 취급해 먹고 사는 점포들이 아주 많이 있었다. 그러한 '사실'에 기초해 수립한 전략인데 낭패를 본 것이다.

시장에서는 많은 사람이 잘 운영하고 취급하는데, 유독 우리 회사나 내가 하면 실패하는 이유가 무엇인가? 그것은 무엇을 우선시하느냐의 차이에 달려 있다. 사실보다 더 중요한 '인식'을 우선적으로 살펴야 한다.

전자제품을 취급하는 점포이니 소비자는 당연히 텔레비전과 냉장고, 에어컨 등을 모두 취급할 것으로 인식한다. 따라서 당연히 원하는 여러 제품을 찾는다. 판매상들은 고객이 찾는데 소형 제품만 판다고 고집할 수 없다. 그럼에도 본사에서 소형 제품만 팔라고 강제하는 것이 잘못이었음을 실패한 뒤에야 깨달았다.

할 수 없이 방향을 선회해 모든 제품을 다 취급하는 100평 이상 규모의 멀티숍을 추진했다. 일부 반대 의견이 있었지만 강력하게 밀어붙여 결국 성공할 수 있었다. 그 후 나는 일을 할 때 '사실'이 아니라 '인식'을 먼저 고려하게 되었다. 소비자나 시장이 어떤 상황에 처해 있는가보다 소비자가 어떻게 인식하고 있는가를 우선하는 것이다.

우리가 살아가면서 보는 모든 것은 인식에서 온다. 우리가 느끼는 현실이란 현실 그대로가 아니라 그것을 어떻게 인식하느냐에 지나지 않는다. 현실이란 현실 자체가 아니라 현실에서 받는 인상일 뿐이다. 이러한 매커니즘을 이해하고 현상을 바라봐야 한다. 상품의 콥셉트나 이름에 문제가 있다면 어디에서 문제가 발생하는지 원인을 살피고 이를 반영해야지 함부로 소비자의 인식을 바꾸려고 시도하면 안 된다. 만약 여러분이 하는 일의 성과가 잘 안 나온다면 고객의 인식을 우선적으로 고려해보자. 새로운 패러다임이 보일 것이다.

2단계

숨고르기
: 목적 리부팅

꿈꿀 수 있다면 이룰 수 있다.
한계는 바로 자신 안에 있다.

_ 브라이언 트레이시

호흡이
돌아오는
시간

달리기를 하고 나면 누구나 숨이 차서 가쁜 숨을 몰아쉬게 된다. 달리기를 멈춘다고 호흡이 바로 정상으로 돌아오는 것이 아니기 때문에 호흡이 진정될 때까지 시간이 필요하다. 얼마나 오래 달렸는지, 얼마나 빨리 달렸는지에 비례해 숨고르는 시간도 늘어난다.

멈추자마자 다시 달릴 거면 멈출 이유가 없다. 오히려 추진력을 잃어 달리기 더 힘들어질 뿐이다. 숨고르는 시간은 아무것도 안 하는 것처럼 보여도 매우 중요한 시간이다.

1단계에서 우리는 멈춤에 대해 이야기했다. 이는 물리적인 시간과 공간이 포함된 멈춤이지만 통찰을 얻기 위한 의도적인 행위였음을 잊지 말아야 한다. 이제 2단계로 넘어갈 차례다. 숨고르기 하는 동안 우리는 무엇을 해야 할까?

　미 공군 조종사로 30여 년간 근무했던 존 보이드(John Boyd)는 많은 공중전을 분석하고 연구한 결과 공중전에서의 승패는 전투기의 속도와 고도로 결정되는 것이 아니라 강인한 훈련과 전략에 의해 결정된다는 사실을 발견했다.

　사람들은 세상에서 가장 빠르고 가장 높은 고도까지 올라갈 수 있는 전투기인 미그기의 승률이 높을 것이라고 예상한다. 그러나 실제로는 미그기보다 속도도 느리고 고도도 낮은 미군의 세이버 전투기가 제2차 세계대전을 포함한 공중전에서 압도적으로 승률이 높다. 왜 그럴까? 바로 '에너지 기동성' 때문이다. 많은 사람이 전투기의 능력인 속도와 고도가 승리의 열쇠라고 생각하지만, 그보다 더욱 중요한 것은 어떤 환경에서도 대응할 수 있는 순환 속도와 효과적으로 협공하는 에너지의 집중이다.

　모든 문제에서 유용한 해법이란 세상 어디에도 존재하지 않는다. 왜냐하면 세상 모든 것이 변하기 때문이다. 어떤 변화에도 대처하려면 우선 목적이 분명해야 한다. 그런 다음 훈련과 전략으로 목적에 다가가는데, 이때 무엇보다 에너지를 목적에 '집중'하는 지혜가 필요하다. 목적이 흐트러지면 해법을 찾을 수가 없다. 목적은 '전념'해야 할 어떤 일이다. 전념하기 위해서는 목적 리부팅을 통해 늘 안전지대에서 깨어 있어야 한다.

목적이 없으면 눈 앞의 함정에 쉽게 빠진다

미래가 단지 과거와 현재의 연장선상에 있다고 생각하는 사람들이 있다. 그러나 나는 꼭 그렇게 생각하지는 않는다. 미래는 자기 자신과 이 세상에 한 약속에 의해 결정된다고 생각한다. '내가 원하는 곳에서 일하겠다' '가난을 벗어나겠다' 등과 같이 자신의 기대와 염원이 곧 미래가 된다는 이야기다.

숨고르기의 핵심은 목적에 초점을 맞추어 생각해보는 것이다. 지금 힘들고 매너리즘에 빠진 것 같다면 목적을 잃었기 때문일 가능성이 크다. 그것은 일의 목적일 수도 있고, 인생의 목적일 수도 있다. 목적이 이끄는 대로 나아가고 있는지 비전을 다시 꺼내서 점검해보고 그 꿈을 다시 품는 것, 미래와의 약속을 지키기 위해 해야 할 일을 결정하고 하나씩 실행해나가는 것. 이것이 바로 '목적 리부팅'이다. 미래와의 약속은 자신의 삶을 이끌어가는 이정표가 될 것이다.

스티븐 코비의 『성공하는 사람들의 7가지 습관』이란 책을 보면 트래비스와 개럿이라는 두 아이의 이야기가 나온다. 둘은 똑같이 나무토막 하나와 칼을 받아서 열심히 나무를 깎았다. 얼마 후 두 아이 앞에 놓인 결과는 크게 달랐다. 트래비스 앞엔 멋진 배가 있었지만 개럿 앞엔 나뭇조각만 쓰레기처럼 쌓여 있었다. 트래비스는 배를 만들겠다는 목적을 갖고 나무를 깎았지만 개럿은 아무런 목적 없이 그냥 나무를 깎았기 때문이다.

목적 있는 인생과 그렇지 않은 인생의 결과는 크게 다르다. 그런데 더 중요한 것은 바른 목적을 갖고 사는 것이다. 아서 밀러의 『세일즈맨의 죽음』에서 주인공 윌리 로만은 자신이 사는 목적을 세 가지로 정했다. 장사를 크게 하는 것, 모든 사람이 자신을 좋아하게 만드는 것, 자식들이 자신의 발자취를 따라오게 하는 것이었다. 그러나 셋 중 하나도 이루지 못한 로만은 결국 자살하고 만다. 그의 아들은 아버지의 무덤 앞에서 "아버지는 잘못된 목적을 가지고 사셨습니다"라고 말한다.

목적을 리부팅하는 것은 내가 하는 일의 본질을 꿰뚫어보는 것과 같다. 그저 남들 하는 대로 남들이 추구하는 목적을 좇는 게 아니라 내가 무엇을 하는지 정확히 알고 있어야 한다.

문제를
'제대로' 정의하라

리부팅을 결심한 당신은 아마 어떤 문제(problem)에 봉착해 있을 것이다. 흔히 '문제는 나쁜 것이다'라고 생각한다. 또 문제없이 평탄하게 사는 사람이 잘 사는 사람이라고 착각한다. 그래서 문제가 생기는 게 두려운 나머지 남을 탓하거나 원망하고 변명과 불평을 늘어놓으며 무조건 문제를 부인하기도 한다. 하지만 문제는 피하고 싶다고 피할 수 있는 것이 아니다. 그렇기 때문에 문제를 회피하지 말고 어떻게 해결할 것인지를 고민해야 한다. 어차피 피할 수 없다면 기회로 삼아라. 문제를 해결하면서 우리는 더 크게 성장할 수 있다. 결국 문제는 나를 괴롭히는 골칫덩어리가 아니라 나를 더 나은 사람으로 만들어주는 동력이다.

문제가 생겼다는 것은 당신이 그 일에 전념했다는 반증이기도 하다. 당신이 중요하게 생각하기 때문에 일이 틀어졌을 때 이를 '문제'라고 인식하는 것이다. 예를 들어 결혼식에 가기 위해 차를 몰고 나갔다고 해보자. 시간에 맞춰 출발했는데 도중에 타이어에 펑크가 났다. 이것은 큰 문제다. 시간에 맞춰 결혼식에 가는 일에 전념하고 있었기 때문이다. 반면, 만약 시간이 남아 드라이브하던 중이었다면 타이어에 펑크가 난 일은 '귀찮은 일'일 수는 있어도 그리 큰 문제는 아닐 것이다.

문제는 어디에나 잠재해 있다. 문제가 생기는 게 두려워 전념해야 할 일을 회피하고 있지는 않은가? 세상의 모든 문제는 선물도 함께 가져다주는 법이다. 문제란 새로운 기회를 도출해주는 계기다. 문제를 두려워하지 않고 어떤 일에 전념하다 보면 나의 발전을 가로막았던 틀에서 벗어날 수 있다.

모건 스콧 펙은『아직도 가야 할 길』이라는 책에서 오늘날 사람들의 삶을 어렵게 만들고 점점 더 뒤틀리게 만드는 원인은 사람들이 자기 자신의 문제를 직시하는 것을 너무 고통스러워하는 데 있다고 했다. 이는 곧 사람들이 문제를 제대로 정의하려고 하지 않는다는 뜻이다. 문제를 제대로 정의하고 해결하기 위해서는 대가를 지불해야 하는데 사람들은 그것이 두려워서 도망가려 한다고 그는 말한다. 많은 사람이 도망가기 때문에 문제를 문제로 보지 못하고, 문제를 보았다고 할지라도 그 문제를 해결할 길이 없다고 생각한다.

그들은 도망갈수록 문제가 더 꼬이고 힘들게 된다는 것을 모른다.

'문제'는 문제가 아니다. 문제를 잘못 정의한 우리 인식이 문제다. 문제를 회피하려는 나의 태도, 그로 인한 목적과 문제의 잘못된 관계 설정이 장애물이다. 문제를 피하려고만 하면 우리는 안전지대에서 밖으로 한 발짝도 나오지 못한 채 살아가는 정신적 불구가 되어버릴 것이다. 문제와 마주해보자. 문제와의 관계를 변화시키다 보면 문제를 제대로, 정확하게 파악하고 정의할 수 있게 된다.

예를 들어 행복이 목적인데 '돈이 부족한 것'을 문제라고 정의했다면 문제를 잘못 정의한 것이다. 행복이라는 목적과 돈 부족이라는 문제 사이의 관계를 다시 설정해야 한다. 행복을 이루고 유지하는 데 돈은 필요하긴 하지만 절대적인 것은 아니기 때문이다. 돈이 없어서 불행할 수는 있어도, 돈이 있다고 무조건 행복한 것은 아니다. 그렇다면 내가 어떨 때 행복한지에 대해 생각해봐야 한다.

이처럼 목적을 방해하는 문제를 다시 정의해가는 것이 '목적 리부팅'의 첫 단계다. 전념해야 할 일, 즉 목적에 방해가 되는 문제를 다시 정의하는 것이다. 목적을 이루는 데 방해가 되는 문제가 무엇인가를 찾아내고, 그것과 목적의 올바른 관계를 설정하자. 그 문제가 얼마나 엄청난 보석을 감추고 있는지 발견하게 될 것이다. 이러한 목적 리부팅을 반복하면 목적이 쉽게 흔들리지 않고 오히려 더욱 또렷해진다.

성공한 사람들의 공통점은 문제를 정의하는 데 탁월한 혜안을 가지고 있다는 것이다. 꼭 돈이 없어서 사업을 성공시키지 못하는 것은 아니다. 오늘날 굴지의 기업들을 일으켜 세운 사람들 중에도 과거에 가난했던 사람이 많다. 배운 것이 없어서 성공할 수 없었다고 생각하는 것도 오산이다. 학력과 상관없이 성공한 위인들을 숱하게 발견할 수 있다.

13척의 군함으로 133척의 일본 군함을 무찌르고 승리를 거머쥔 이순신 장군 역시 목적과 문제의 관계를 바르게 설정하고, 새로운 시각으로 '전쟁에서의 열세'라는 문제를 재정의한 예다.

- 목적: 전쟁 승리
- 일반적 문제 정의: 13척 대 133척 = 전쟁 필패
- 잘못된 관계 설정: 군사적 숫자 우위가 높은 쪽이 승리
   (군함과 군함의 숫자 싸움)
- 새로운 문제 재정의: 무기, 지형, 날씨 등을 활용한 전술의 승부
   (군함과 조선 반도의 싸움)

만약 13척과 133척의 싸움으로 문제를 정의했다면, 힘의 우위를 가진 일본군이 압도적으로 승리하고 조선은 전쟁에 필패한다는 결론에 도달해 싸우기도 전에 전의를 상실했을 것이다. 그러나 군함의 개수가 많다고 무조건 승리하는 것이 아니라 장수의 전략, 즉 주어진 환경을 얼마나 효과적으로 활용하느냐에 따라 승패가 결정된다

는 사실을 깨닫는다면, 문제를 다시 정의할 수 있다. 목적과 문제의 올바른 관계 설정으로 이순신 장군은 명량대첩에서 세계 해전사에 길이 남을 대승리를 거둘 수 있었다.

문제 정의는 생존과도 연결된다

로렌스 곤잘레스의 『생존』은 각종 사고 생존자들의 체험담을 소개한 책이다. 1971년 줄리안 쾨프케와 그녀의 어머니, 그리고 아흔 명의 승객을 태운 비행기가 번개에 맞아 추락했다. 비행기는 페루의 정글에 떨어졌다. 당시 열일곱 살이던 줄리안은 그 사고에서 기적적으로 살아났다.

줄리안이 정글 바닥에서 혼자 깨어났을 때 옆 좌석에 앉아 있던 어머니는 흔적도 찾을 수가 없었다. 다음 날 헬기와 비행기 소리를 듣긴 했지만, 무성한 나무로 이루어진 정글의 덮개를 뚫고 자신을 발견할 수는 없으리라고 생각했다. 추락에서 살아남은 다른 사람들은 구조를 기다리기로 결정했다.

그러나 줄리안은 문제를 다시 정의했다. 줄리안의 부모는 정글에서 일하는 학자였는데 그녀는 아버지가 '내리막길로 내려가면 물을 발견할 수 있다'고 했던 이야기를 기억했다. 생존이라는 목적에 이르는 데 물이 없는 것이 문제라고 그녀는 정의했다. 그래서 물을 찾아 내리막길로 내려가기 위해 신중하게 계획을 세웠다. 더운 낮에는 쉬었다가 기온이 떨어진 밤 시간에 이동하기로 했다. 그녀는 11일 동안 무성한 밀림을 헤치고 걸은 끝에 강가에서 오두막 한 채를 발견했다. 그녀는 그곳으로 비틀거리며 걸어 들어가 쓰러졌다. 다음 날 우연히 오두막을 지나던 사냥꾼이 그녀를 병원에 데려간 것은 행운이었다. 그러나 루이 파스퇴르(Louis Pasteur)의 말처럼 '운은 준비된 사람의 편'이다. 이 강인하고 명석한 10대 소녀는 스스로 자신의 목숨을 구했다.

사고 발생 이후 11일 동안 다른 생존자들은 가만히 앉아서 죽어 갔다. 불을 피우고 피난처를 만들고 음식을 구하고 신호를 보내고 방향을 잡아내는 것. 이 모든 것은 줄리안이 살아남는 과정에서 별 의미가 없었다. 추락 후 살아남았던 다른 사람들이 무슨 생각을 하고 어떤 결정을 내렸는지 우리가 알 도리는 없지만, 아마도 그들은 그 자리를 떠나지 말고 구조를 기다려야 생존 확률이 높다고 생각했을 것이다. 그들은 규칙을 따르는 사람들이었고 오히려 그 점이 그들을 죽게 한 것이다.

이혼이나 해직, 질병이나 사고, 경제적 붕괴, 사랑하는 사람의 죽음 또는 정글에서 길을 잃는 것 등의 크나큰 문제에 직면했을 때 그것을 헤쳐 나가는 사람이 될 수도, 그 앞에 무너져버리는 사람이 될 수도 있다. 어느 쪽이 되느냐는 경험을 통해 문제를 제대로 정의하고 실행하는 능력에 달려 있다.

이처럼 문제를 제대로 정의하는 것은 생존과도 직결된다. 골리앗과 다윗의 전쟁에서 다윗이 이긴 것은 다윗이 문제를 제대로 정의했기 때문이다. 다윗이 '전쟁에서 이기기 위해서는 어떻게 해야 하는가'라는 질문을 놓고 골리앗처럼 문제를 정의했다고 해보자. 갑옷을 입어야 하고 긴 창을 차야 하며 능수능란한 칼 솜씨를 가져야 하고 신체적으로 적을 충분히 제압할 수 있는 조건을 갖추어야 한다고. 그렇다면 다윗은 아마 처참히게 패배했을 것이다. 이렇게 정의된 문제의 해결책에서 다윗이 가진 것은 단 한 개도 찾아볼 수 없기 때문이다. 그러나 다윗은 가까이에서 창과 칼로 겨루는 백병전을 따르지 않았다. 그는 갑옷과 투구를 벗어 던지고 일정 거리를 두어서 총으로 공격하듯이 물맷돌을 이용한 돌팔매를 선택해 골리앗을 쓰러트렸다.

누군가 정해준 문제 해결의 솔루션에 무의식적으로 사로잡혀 있지는 않은가? 다른 사람이 정한 규칙의 희생자가 되지 말아야 한다. 물론 모든 규칙이 틀렸다는 것은 아니다. 다만 규칙 속에서도 나 스스로 문제를 정의하는 주도성이 필요하다. 또 내가 정의한 문제가 맞게 정의된 것인지 수시로 리부팅해서 그것을 점검하고 문제를 제대로 정의하는 습관을 가져야 한다.

문제 정의의 필수 요소

너무나 당연한 것으로 보였던 것들도 다시 정의해보면 또 다른 기회를 만들어줄 수 있다. 그럼 문제를 제대로 정의하려면 무엇이 필요할까? 데이비드 티스(David Teece) UC버클리대 경영학 교수가 정리한 이론을 근거로 다음과 같이 설명할 수 있다.

감지와 이해(Sensing)

문제 정의의 출발점은 바로 감지와 이해다. '하인리히의 법칙'에 의하면 단 한 번의 대형 사건이 일어나기 전에는 29번의 유사한 사건과 300번의 잠재적 징후가 있다고 한다. 우리가 겪는 위기 역시 이와 비슷한 패턴을 따를 수 있다. 문제를 제대로 정의하기 위해서는 감지 능력이 필수다. 그런데 대부분의 사람들이 감지 능력이 있어도 문제를 정의하려고 하기보다는 회피하려는 경향을 보인다. 그래서 본질에 이르지 못한다. 밑에서 불을 지피는 줄도 모르고 유유자적하게 물놀이를 즐기며 서서히 죽어가는 비커 속 개구리처럼 변화에 둔감해져서 결국 좌절하게 되는 것이다.

역동적으로 변화하는 기회와 위협을 제대로 감지하고 파악하며 그 본질을 이해하는 것이 중요하다. 문제를 다시 정의하기 위해서는 상황을 잘 알아야 한다. 그리고 상황을 이해하고 알아내기 위해서는 감지 능력이 요구된다.

세계적인 문서관리회사 제록스는 많은 자본과 우수한 과학자들을 가지고 있는 회사였지만 어떻게 기회를 감지하고 시장의 신호를 읽어내야 하는지 몰라서 문제를 제대로 정의하지 못했고 결국 변화하는 시장에서 큰 어려움을 겪었다. 반면 코카콜라와 경쟁하던 펩시콜라의 경우에는 제품 모양이나 포장 형태를 중요하게 여기기 시작하는 소비자의 변화를 감지하고 '디자인 싱킹'이라는 대담한 선택을 했다. 펩시는 경쟁의 장을 '병의 모양과 스타일'로 옮겨왔고 그 결과 큰 사랑을 받았다. 이처럼 개인이든 공동체든 상황에 대한 감지와 이해는 중요하다.

변화하는 상황을 이해하고 감지하기 위해서는 여러 방법을 사용할 수 있다. 실험, 조사, 설문, 관찰, 경험, 문헌 연구, 전문가 의견 경청 등이 그것이다. 환경과 상황보다 느리게 변하면 도태되고 만다. 그러므로 늘 변화에 민감하게 반응하여 위기를 관리하고 기회를 새롭게 포착하는 능력을 키울 필요가 있다.

기회 포착과 창출(Seizing)

IBM의 창립자 톰 왓슨(Thomas Watson)은 "컴퓨터의 미래가 비즈니스가 될 것이다"라고 예측하며 메인 프레임 컴퓨터 시스템에 막대한 돈을 투자했다. 이는 IBM이 컴퓨터 산업의 후발주자였음에도 불구하고 가장 오래가는 회사가 될 수 있었던 이유다. IBM은 제품 중심 기업에서 컴퓨터를 생산하지 않는 서비스 기업으로 탈바꿈했다.

IBM의 지속가능 경영의 원천에는 기회 포착과 창출이 있다.

애플 역시 마찬가지다. 애플의 CEO 팀 쿡(Tim Cook)은 "애플은 하드웨어와 소프트웨어 두 영역 모두에서 혁신을 이뤄내고 마법을 창조하는 능력을 갖고 있다"고 말했다. 그는 이를 위해 돈을 어마어마하게 쏟아 부어야 할 필요는 없으며 최신 경영이론을 배우는 데만 돈을 쓰고 컨설턴트를 고용하면 된다고 했다. 앞서 말한 감지와 이해를 바탕으로 기회를 포착하고 가치를 새롭게 창출하는 것이 중요하다.

핵심 역량의 재편과 실행(Transforming)

문제를 제대로 정의한다는 것은 핵심 역량의 재편과 실행으로 완성된다고 할 수 있다. 감지와 이해를 통해 문제를 인식하고, 그것을 통해 기회가 어디에 있을지를 포착해서 새로운 부가가치를 만들어낸다. 이때 빠르게, 그리고 성공적으로 변화하는 것이 중요하다.

중국의 가전 회사 하이얼은 40년 전 아무것도 없는 상태에서 시작했지만 끝없이 빠르게 변화하고 문제를 정의해 큰 성공을 거두었다. 그리고 계속해서 빠르게 움직일 수 있도록 조직을 작은 기업들로 잘게 쪼개었다. 혼다도 민첩하게 문제를 다시 정의해서 성공한 기업으로 꼽힌다. 혼다는 1970년대에 113개의 새로운 모델을 개발해 시장 자체를 만들어갔다. 새 모델을 개발하기 위해서는 끊임없이 현재의 문제를 다시 정의하는 활동이 필요하다.

목적을
재설정하라

목적을 잃으면 내가 지금 하는 일이 아무 의미 없는 것처럼 느껴진다. 목적을 재설정한다는 것은 무엇일까? 이에 대한 답을 찾기 위해 일에 관해 깊이 연구한 영국 서식스 대학의 캐서린 베일리(Catherine Bailey) 교수와 런던 그리니치 대학의 애드리안 매든(Adrian Madden) 교수의 칼럼을 원용하고자 한다. 원래 이들의 칼럼은 의미 있는 일에 대해 다섯 가지 특징으로 설명한 것인데, 그것을 목적의 재설정으로 치환해도 타당하다고 생각되어 적용해보았다. 목적을 재설정한다는 것은 무엇인가?

첫째, 목적을 재설정한다는 것은 목적이 '자기 초월적인가'를 판단하는 것이다. 일을 하고 생활을 하는 것이 가치 있는 목적을 가지려면 내가 하는 일이 나뿐만 아니라 타인들에게도 영향을 미쳐야 한다. 예를 들어 환경 미화원은 자신이 수거한 쓰레기들이 그날 저녁 재활용 처리장으로 가는 순간에 큰 보람을 느낀다고 한다. 내가 한 일이 나뿐 아니라 우리 공동체에 좋은 영향을 주고 있다는 것을 느끼기 때문이다.

둘째, 목적의 재설정은 고통스러운 경험을 통해 일어나는 경우가 많다. 많은 사람이 진정한 기쁨이나 행복 대신 불편하고 복합적이며 심지어는 고통스러운 생각과 감정을 느끼는 순간에 자신의 삶에서 진정한 목적을 발견한다. 많은 간호사는 죽음을 앞둔 환자를 보면서 고통을 느낀다. 그렇지만 환자가 편안하게 생을 마감할 수 있도록 도우면서 자신의 일이 무엇을 위한 것인지 다시금 생각해보게 된다. 고통스러운 경험은 종종 목적을 재설정하는 계기를 제공한다.

셋째, 단편적인 프로젝트를 통해 목적을 재설정할 수 있다. 늘 일관되게 자기 일이 의미 있다고 느끼는 사람은 거의 없을 것이다. 예를 들어 어느 대학교수는 강의를 성공적으로 마치고 나면 자신이 마치 '록스타'가 된 것처럼 느껴졌다고 한다. 짧은 강의지만 그것을 성공적으로 마쳤을 때 희열을 느낀 것이다. 이처럼 단편적으로 어떤 일을 완수함으로써 보람과 의미를 찾을 수 있다.

넷째, 목적을 재설정하는 것은 반추(反芻)적이다. 사람은 일이 발생하는 순간에 보람을 느끼는 경우는 매우 드물고 그 경험을 회상하면서 자신이 한 일을 인식한다. 그 결과를 곱씹으면서 그것이 삶에 미치는 영향을 더 폭넓게 찾아낸다. 바로 그때 자기 삶의 목적을 다시 설정할 수 있다.

마지막으로 사람은 개인적으로 느낀다는 것에 주목해야 한다. 언제 내가 한 일의 가치를 느꼈는가? 생각해보면 아마 일터에서보다 개인의 삶이라는 영역에서 가치를 느꼈을 때 더 큰 영향을 줬을 것이다. 한 뮤지션은 아버지가 자신의 공연을 보러 와서 마침내 뮤지션이라는 직업의 가치를 이해해줬을 때 자신의 일이 의미 있다는 사실을 절감했다고 말한다. 그러므로 목적을 재설정한다는 것은 목적지를 마음에 품고 일상을 일궈나가는 것이다.

목표를 생각하는
능력을 키워라

우리는 목적과 목표를 간혹 혼동하기도 한다. 목적과 목표는 비슷한 것 같지만 실은 둘 사이에 엄연한 차이가 있다. 목표는 목적을 이루기 위한 구체적인 도전들을 말한다. 달리 표현하자면, 목적은 최종적으로 실현할 일이고 목표는 목적이 실현된 상태를 측정하는 기준이다. 목적은 궁극적으로 달성하고자 하는 최상위 목표를 말한다. 그러므로 목적을 이루기 위해 필요한 일관된 목표들을 설정하는 능력이 있어야 목적을 이룰 수 있다.

예컨대 훌륭한 의사가 되는 것이 최상위 목표(목적)라면 어떻게 중간 목표들을 설정해 목적으로 연결할 것인가를 생각할 수 있어야 한다. 학교에서는 무엇을 성취해야 하는지, 내적으로는 어떤 마음과 태도를 가져야 하는지 등의 다양한 목표가 있을 수 있다.

앤절라 더크워스는 『그릿』이라는 책에서 투자의 귀재로 불리는 워런 버핏의 이야기를 들려준다.

"버핏은 충직한 전용기 조종사를 보면서 당신에게도 틀림없이 나를 행선지로 데려다주는 일 외에 큰 꿈이 있었지 않느냐고 물었다. 조종사가 그렇다고 대답하자 버핏은 우선순위를 정하는 세 단계를 차근차근 설명해주었다. 첫째, 직업상 목표 25개를 쓴다. 둘째, 자신을 성찰해가면서 그중에 가장 중요한 목표 5개에 동그라미를 친다. 반드시 5개만 골라야 한다. 셋째, 동그라미를 치지 않은 20개의 목표를 찬찬히 살핀다. 그 20개는 당신이 무슨 수를 써서라도 피해야 할 일이다. 당신의 신경을 분산시키고 시간과 에너지를 빼앗고 더 중요한 목표에서 시선을 앗아갈 일이기 때문이다."

이것은 목표를 설정해가는 과정이기도 하다. 최상위 목표(목적)에 집중하는 데 방해되는 것들을 과감하게 걷어내고 중요한 것들을 걸러낼 수 있어야 한다. 목적을 위해 목표 역시 설정하고 조정해야 하는 것이다.

몇 년 전 교수로 재직하고 있을 때 한 학생이 내 연구실로 찾아왔다. 그는 법대생으로 사법고시를 준비하고 있었다. 사법고시 1차 시험에는 아주 우수한 성적으로 합격했으나 2차 시험에 실패했다는 학생은 깊은 실의에 빠져 있었다. 그는 취업이 잘되는 학과를 복수전공을 할지 아니면 법학을 계속 공부해야 할지 모르겠다고 했다.

나는 학생의 고민에 목적 리부팅을 적용했다. 왜 사법고시에 도전하기로 했는지 등 대화를 하며 훌륭한 법관이 되겠다는 학생의 포부를 알게 되었다. 하지만 그 목적을 위한 길이 한 가지는 아니다. 관점을 바꿔서 다양하게 접근해보면 사법고시를 통과해야만 법관이 되는 것은 아니다. 나는 그에게 로스쿨에 진학할 것을 권했다.

그런데 그는 로스쿨을 진학하려면 걸림돌이 세 가지 있다고 했다. 첫째는 로스쿨의 비싼 학비를 감당할 수 없다는 것, 둘째는 고시 공부 한다고 학점이 엉망인데 이런 학점으로는 좋은 로스쿨에 합격하기가 어렵다는 것, 셋째는 고시를 지금 와서 포기하기에는 그동안 투자한 것이 너무 아깝다는 것이었다. 그의 말에도 나름의 일리가 있었다. 그러나 부정적인 생각의 흐름을 끊고 새로이 방향을 잡아나가는 것이 리부팅의 역할이다.

나는 그에게 그동안 고시 공부를 해온 열정으로 로스쿨을 준비하자고 제안했고, 우리는 로스쿨을 목적으로 두고 방향잡기를 시도했다. 졸업을 앞두고 남은 2학기 동안 학점을 만회하고 고시는 과감하게 포기하기로 했다. 남은 한 가지 문제는 학비인데 일단 합격한 뒤에 생각해도 늦지 않다고 결론 내렸다. 다행히 학생은 명문대 로스쿨에 합격해 지금은 법조인이 되었다. 학비는 장학금과 학자금 대출로 충당해서 별 어려움 없이 졸업할 수 있었다.

좋은 법조인이 되겠다는 목적을 갖고 있던 학생은 사법고시에 실패하면서 흔들리고 방황했다. 그러나 여전히 법조인이 되고 싶다는 목적은 흔들리지 않았기에 단계별 목표를 조정해 계속해서 나아갈 수 있었던 것이다.

생각하는 능력이 미래를 만든다

급변하는 세상에서 우리가 일반능력이라고 생각했던 것들이 이제는 더 이상 차별화 요소가 되지 않는 경우가 많다. 그리고 인공지능 등으로 이런 현상은 점점 더 커질 것으로 보인다. 과거에는 기술이 실력이었다. 그러나 그 기술도 이제는 급속하게 공유되어서 후발업체들과 크게 차이가 나지 않는다. 기억력이나 계산능력 등도 이제는 더 이상 큰 격차가 나지 않는다. 다만 갈수록 차이를 내고 현격한 특징으로 다가오는 것은 '생각하는 능력'이다. 생각하는 능력이란 무엇인가. 그것은 사물을 통해 창의적인 무언가를 만들어내는 실력을 말한다. 변화하는 세상에서 원하는 바를 이루려면 반복된 습관과 훈련을 통해 생각하는 능력을 키워나가야 한다.

그렇다면 생각하는 능력은 어떻게 형성되는가. 현상에 대해 깊이 이해하고 개선할 것이 무엇인지 찾아서, 그것을 사물의 존재 목적에 맞게 대입해야 한다. 기존의 일반능력 관점에서 사물을 보면 전혀 개선할 사항이나 새롭게 도전할 것들이 보이지 않으니 관행과 구습을 답습하게 된다. 그러나 생각하는 능력을 키우는 과정을 거치면 시각이 달라진다. 사물이 왜 이렇게 존재해야 하는가에서 출발해 그 존재의 목적을 위해 고쳐야 할 점들을 생각하게 된다. 이런 생각이 더욱 발전하면 새로운 것의 탄생, 즉 창의가 이루어진다.

'화장품은 꼭 여성만 써야 하는가'라고 화장품 존재의 목적을 생각하는 능력에서 남성 화장품이 출발했다. 그것은 화장품 시장의 새로운 미래를 열어주었다. '물건을 꼭 매장에서만 팔아야 하는가'라고 판매의 목적을 생각하는 능력에서 매장이 없어도 판매할 수 있는 '옥션'이나 '아마존' 등의 새로운 미래가 탄생했다. 생각하는 능력이 미래를 창조한다.

나는 이것을 왜 해야 하는가? 다른 방식으로 목표를 성취할 수는 없는가? 끊임없이 생각하는 능력은 나의 미래를 담보할 것이다. 목적 리부팅은 내 미래의 틀을 잡아가는 과정이라고 할 수 있다.

● 생각하는 능력의 과정

현상의 인식(존재) — 일반능력 관점(관행, 유지) — 생각하는 능력(재편) — 새로운 것의 탄생(창의)

우리나라가 '빨리 빨리' 문화 덕에 속도가 요구되는 디지털 환경에서 덕을 보았다고 보는 관점도 있지만 반드시 빠른 것만이 경쟁력은 아니라고 생각한다. 오늘날의 경쟁 우위 요소는 단연코 생각하는 능력이기 때문이다. 그런데 생각이면 생각이지, 굳이 생각하는 능력이라고 말한 이유는 무엇일까? 생각하는 것 또한 능력이기 때문이다. 자신만의 고유한 철학과 가치를 제품과 서비스에 녹여내서 다른 사람이 카피하지 못할 정도로 만드는 것. 그것은 창의적으로 생각하는 능력이 있어야 할 수 있는 일이다. 꼭 일이나 성공에서뿐만 아니라 삶에서도 생각하는 능력은 우리 삶을 더욱 새롭고 충만하게 만들어줄 것이다.

목적을
이루기 위한
해법 찾기

목적을 재설정했다면 이제 목적을 이루기 위한 해법을 찾아야 한다. 해법을 찾으려면 먼저 강한 동기부여가 주어져야 한다. 우리는 강한 동기가 있을 때 해법을 스스로 찾아내고, 찾아낸 것을 끝까지 실행하려고 하기 때문이다. 베스트셀러 저자 대니얼 핑크(Daniel Pink)는 진정한 동기부여의 3대 요소를 다음과 같이 정의했다(『너의 내면을 검색하라』, 차드 멍 탄).

. **자율(Autonomy)**: 자신의 삶을 주도하고 싶은 욕망

. **숙달(Mastery)**: 중요한 것에 점점 더 능숙해지고픈 욕구

. **목적(Purpose)**: 자신보다 더 큰 뭔가를 위해 일하고 싶은 열망

이 세 가지 요소가 없다면 억지로 목적을 설정해도 끈기 있게 추진할 수 없다. 주도적이고 적극적인 열망을 품어야만 스스로 동기부여를 할 수 있는 것이다. 동기부여가 충분히 됐다면 해법을 찾아야 한다. 해법은 어떻게 찾을 수 있을까?

첫째, 어떤 일이 목적에 부합하는가를 따져봐야 한다. 김위찬 교수와 마보안 교수는 『블루오션 전략』에서 포화된 시장인 레드오션이 아니라 새로운 시장 블루오션을 찾으라고 했다. 업계 평균 이하인 것은 무엇이고, 업계 평균 이상인 것은 무엇이가를 진단해서 줄일 것과 늘릴 것, 없앨 것과 새로 도입할 것을 결정해 시행하면 블루오션을 찾을 수 있다고 한다.

나는 이에 동의한다. 다만 무조건 업계 평균으로 접근하는 것은 위험하다고 본다. 해법은 상대적인 것이 아니라 절대 기준이 되어야 한다. 절대 기준의 기준점은 물론 목적이어야 한다. 우리가 하고 있는 일이 원래의 목적에 부합하는가를 판단해보아야 한다. 그리고 원래의 목적을 방해하는 것들과 덜 촉진시키는 것들을 과감하게 걷어내야 한다.

내가 잘 아는 중견 기업의 CEO는 '고객에게 허튼 짓 하려면 회사에 다닐 이유가 없다'고 수시로 이야기한다. 기업의 존재 이유가 고객의 만족과 고객 목표의 달성에 있음을 분명히 한 것이다. 이 기준에 따라 고객에게 과다하게 청구한 요금이나 목표를 달성하기 위해 선납받은 금액 등도 다시 돌려주라고 불호령을 내린다. 그의 지론은 조직 내부에서 일시적으로 좋은 평가를 받기 위해 원래의 목적인 고객을 힘들게 하면 안 된다는 것이다. 해법은 목적에 부합하는지를 따져서 목적에 맞게 조정해나가야 한다.

둘째, 전략의 기동성을 판단해야 한다. 아무리 좋은 전략이라도 적용할 수 없다면 해법이 될 수 없다. 좋은 전략은 강력한 실행을 전제로 한다. 원래 목적을 이루기 위해 우리가 수립하는 많은 전략을 현실적으로 적용할 수 있는지 판단하는 것이 중요하다. 아무리 숨고르기를 잘하고 생각을 잘 정리해서 좋은 해법들을 찾았다 하더라도 그것을 실행해나갈 수 없다면 무용지물이다. 그러므로 실제로 적용할 수 있을지를 우선적으로 검토해야 한다.

셋째, 투입보다 성과가 확실할지를 판단한다. 예를 들어 직장생활이나 조직에 속해 있는 사람들 중 기업이 얼마만큼의 위험을 분담해야 하는가를 잘 생각하지 못하고 장밋빛 청사진으로 투자를 요구하는 경우가 허다하다. 돌다리도 두들겨보고 건넌다는 말이 있듯이 해법 찾기의 기준은 투입 대비 성과다. 단기적으로는 다소의 손실이 있더라도 중장기적으로는 반드시 이익이 창출되어야 한다. 이런 기준을 정해 해법을 찾다 보면 좀 더 현실적인 대안을 발견할 수 있다.

넷째, 그림으로 보여줄 수 있어야 한다. 해법이 있으면 그림이 그려진다. 그림으로 보여줄 수 있다는 것은 이루고자 하는 목적지에 이르는 전 과정을 숫자로 표시할 수 있다는 뜻이다. 숫자로 표시할 수 없는 해법은 막연하다. 그러므로 좀 더 치밀하게 숫자로 표현될 수 있는 큰 그림을 그려야 한다. 이때 유의해야 할 점은 숫자에 매몰되면 안 된다는 것이다. 숫자에는 숫자를 만들기 위한 행동이 배후에 깔려 있음을 알아야 한다. 단순히 의지의 표출인 숫자에 의존해 시뮬레이션을 등한시하면 빛 좋은 청사진에 넘어가 좌절을 맛볼 수도 있다.

다섯째, '하겠다'나 '했다'로 표현되어야 한다. 이때 주의해야 할 점은 '하고 싶다'가 아니라는 것이다. 예컨대 '월말까지 1억 원을 수주하고 싶다'가 아니라 '월말까지 1억 원을 수주하겠다' 또는 '월말까지 1억 원을 수주했다'로 표현해 달성하기까지의 과정을 미리 머릿속으로 그려보는 것이다. 이렇게 하면 실현 가능성이 훨씬 높아지고 해법을 스스로 만든 것이기 때문에 동기부여도 충만해진다. 조직에서 해법을 찾을 경우에는 구성원들을 어떤 형태로든지 동참시켜서 같이 해법을 찾아가야 한다.

아는 것에서
믿는 것으로

흔히들 '알고 있다'고 이야기하면 지식을 떠올린다. 그러나 머리로 알고 있는 것을 실제 경험하고 실천한 후에야 진정한 앎에 이르고 그것을 믿을 수 있다. 가령 매스컴을 통해 유명 연예인을 알고 있다고 하더라도 그를 한 번도 직접 만난 적이 없고 교류한 적도 없다면 그 사람을 진정으로 안다고 할 수 없을 것이다. 당연히 그를 신뢰할 수도 없다.

단순히 아는 것만 가지고는 목적 리부팅이 완성되지 않는다. 아는 것을 뛰어넘어 믿는 경지에까지 이르는 것이 중요하다. 어떤 사실을 아는 것과 믿는 것에는 차이가 있다. 많은 사람이 살아가면서 해법을 찾지 못하고 힘을 잃고 실패하는 이유는 아는 것이 믿는 것인 양 착각하기 때문이다. 아는 것에만 머물러 있으면 아무런 힘을 얻지 못한다. 그러므로 아는 것에서 믿고 신뢰하는 것으로 나아가야 한다.

내가 직장생활을 할 때의 일이다. 승진할 때가 되었는데 잘 아는 선배가 나를 불러 식사를 같이하면서 "이번에 승진 대상자인가? 승진에 연연하지 말고 자기 분야에서 최고의 전문가라는 소리를 듣도록 깊이 공부하고 학습하여 최고가 되기를 바라네"라고 했다. 친한 선배가 아니라도 누구나 말해줄 수 있는 지극히 상식적인 이야기였다. 나는 승진이 물 건너갔다는 걸 예감하고 적잖이 실망했다.

하지만 나는 속은 셈 치고 그 선배를 믿어보기로 했다. 내 분야에서 최고가 되기 위해 직무에 관련된 세미나에 참여하고 논문도 읽고 연구 발표도 했다. 괜한 오기가 생겨 나 자신을 지속적으로 연마했다. 돌이켜 생각해보니 그때 공부하고 경험한 것이 기초가 되어 목적을 향해 일관되게 달려갈 수 있었다. 그리고 실력을 쌓았기에 나 자신과 내 목적을 믿을 수 있게 되었다.

실력이 전제된 믿음

19세기 곡예사 찰스 블론딘(Charles Blondin)은 유명한 외줄타기의 명인이었다. 그는 빌딩과 빌딩 사이를 외줄로 건넜을 뿐 아니라 등에 짐을 지고 나이아가라 폭포를 왕복할 정도로 실력이 대단했다.

1858년 그는 나이아가라 폭포에서 외줄타기를 하겠다고 선언한다. 그의 도전을 보기 위해 나이아가라 폭포 주변에는 수많은 사람이 모였다. 블론딘은 거기 모인 사람들에게 물어보았다.

"제가 사람을 업고 이쪽에서 저쪽까지 갔다 올 수 있다고 믿습니까?"

그곳에 모인 수많은 사람들이 그의 실력을 알기 때문에 "믿습니다"라고 대답했다. 그러자 블론딘이 한 번 더 "그렇다면 여러분 중에 누가 저의 등에 업혀보시겠습니까?"라고 물었다. 그러자 아무도 대답하지 못했다. 어느 누구도 등에 업히겠다고 하는 사람이 없었다. 사람들은 블론딘의 실력은 잘 알고 있었다. 그러나 그의 등에 업히는 행동은 그의 실력을 알고 인정하는 것과는 다르다. 이는 아는 것에서 한 걸음 더 나아가 신뢰해야 하는 것이기 때문이다.

지원자가 없자 블론딘은 한 남자를 지목해 물었다.

"당신은 나를 믿습니까?"

그 남자는 주저하지 않고 "믿습니다. 기꺼이 당신 등에 업히겠습니다"라고 말하며 블론딘의 등에 업혔다. 남자를 등에 업은 블론딘은 더욱 신중하게 줄 위를 걸었고 결과는 성공이었다.

블론딘의 등의 업힌 남자는 사실 그의 매니저인 해리 콜코드였다. 그는 블론딘와 비즈니스로 연결된 사이니 비즈니스를 위해 그의 등에 업혔을지도 모른다. 그런 단순 비즈니스 관계라면 그들 사이의 신뢰는 깨지기 쉬운 것이다. 하지만 그가 블론딘의 실력을 신뢰해 자신의 목숨까지 맡겼다면 이야기는 달라진다. 실력에 기반한 믿음이야말로 오래 가고 단단한 것이다.

어느 쪽이 진실인지 알 수는 없지만 나는 후자였으리라 믿는다. 아무리 비즈니스에 좋다고 해도 목숨까지 걸기란 쉽지 않기 때문이다. 콜코드는 블론딘의 실력을 알고 있었고, 더 나아가 그것을 신뢰했다. 신뢰를 주기 위해선 먼저 실력을 쌓아야 한다. 상대방이 내 실력을 아는 것을 넘어 신뢰할 수 있어야 한다. 이것은 자기 자신을 신뢰하기 위해서도 필요한 일이다.

무슨 일에 도전하든 믿음 없이는 실행할 수 없다. 설사 한다고 하더라도 온전히 마음을 담고 힘을 쏟아부을 수 없다. 그리고 믿음은 실력 없이 생길 수 없다. 실력은 쌓지 않은 채 어중간하게 시도하다 실패하고 '역시 나는 안 돼'라며 자기비하의 덫에 빠지는 사람을 많이 보았다.

우리는 모두 자신이 설정한 목적을 알고 있다. 그러나 아는 것에 그쳐서는 안 된다. 지속적으로 목적을 이루기 위해 실력을 쌓고 도전하면서 목적을 재설정해가야 한다. 그제야 우리는 자기 목적을 진정으로 알게 되며, 믿게 된다. 줄타기처럼 목숨을 건 일이 아니니 목적이라는 등에 올라타 보자. 무게중심을 조정하고 균형을 잡는 목적 리부팅을 지속하면 안전하게 건널 수 있을 것이다.

조직화를 통한
목적 리부팅

어느 대기업에서 컨설팅을 했을 때의 일이다. 신제품이 잘 판매되지 않아 모두 걱정하고 있었다. 나는 오히려 지금보다 진열 물량을 2배로 늘리라고 지시했다. 그런데 본사로 주문은 많이 들어왔지만 슈퍼마켓에서의 진열은 잘 이루어지지 않았다. 고민하다 결국 조직 구성원의 역할을 단순화하고 책임을 분명하게 하기로 결론을 내렸다.

나는 진열점검반과 신제품설명팀을 가동했다. 진열점검반은 매일 매장별로 진열 수량을 체크해 실상을 보고하는 팀이다. 그들의 임무는 단순명료했다. 어느 부서가 어떻게 진열하고 있고 신제품에 관심을 가지고 있는지 체크하는 것이다.

신제품설명팀은 신제품을 개발하게 된 경위, 기존 제품과의 차별점 등을 판매점에 잘 설명해서 판매점 직원들이 명확하게 인식하도록 도왔다. 신제품을 작동해보이면서 교육해주기도 했다. 그리고 신제품에 관심을 가진 고객들을 찾아가 신제품에 대해 상세하게 설명했다.

이처럼 두 팀을 가동하자 곧 조직은 활력을 되찾았다. 거대한 조직 속에 있다 보면 실행 여부를 잘 체크할 수 없다. 또 여러 임무를 수행하다 보면 집중도가 분산될 수 있다. 핵심적인 미션을 추진할 때는 급하지 않은 일은 가급적 생략하거나 절제해야 한다. 신제품설명팀은 신제품을 판매점과 고객에게 설명하는 데 집중해 단번에 자리를 잡았다.

여러분은 아직 이런 일을 할 만큼 경영자의 위치에 있지 않다고 항변하고 싶은가. 조직화는 신입사원도 마음만 먹으면 얼마든지 추진할 수 있다. 신입사원도 밖에서는 회사를 대표하기 때문에 역할을 받았다면 고객이 있고, 함께 목표를 달성할 협력자들이 있게 마련이다.

조직화란 한 가지 목적을 이루기 위해 한 방향으로 집중해 조직이 일사불란하게 움직이는 것을 말한다. 독불장군 없다고 하지 않던가. 우리는 가정에서나 작은 동호회에서나 직장에서나 협력한다. 협력으로 각자의 전문성을 극대화하는 것이 기업의 경쟁력을 결정한다. 강한 조직, 신뢰할 수 있는 조직의 배경에는 구성원의 마음에서 우러나오는 일체감과 비전 공유, 각각의 직무를 책임지고 수행하는 능력, 지속적으로 몰입하도록 하는 동기부여 시스템이 있다. 동창회도 잘되려면 회칙부터 정하고 회칙에 따라 회장 등 간부들을 선임해 역할을 부여하지 않는가. 잘되는 조직과 기업들의 공통점은 각자가 맡은 역할이 분명하고 직무가 명료하다는 점이다.

집단지성과 리더의 중요성

집단지성에 의한 문제해결형 조직인 애자일(Agile, 변동형) 조직은 문제를 해결하는 해법을 찾는 데 훨씬 유리하다. 변동형 조직은 특별한 프로젝트의 성공을 위해 조직 내에서 연관된 사람들로 긴급히 구성된 일종의 태스크포스(T/F) 팀과 비슷하다고 할 수 있다. 지금까지는 인사나 재무, 영업, 생산 등 고정형 조직으로 자기에게 국한된 문제 해결에만 집중했다면 이제는 능동적으로 문제를 해결하기 위해 변동형 조직으로 환경에 대응하게 하는 것이다.

예컨대 전자제품을 판매하는 대리점을 관리하는 경우에 대리점에 일반적인 미션을 주는 것도 중요하지만 특화된 미션을 만들어 조직화할 필요가 있다. 한 대리점은 고객관리를 잘하는 전문점으로 미션을 주고 어떤 곳은 스마트폰을 잘 파는 대리점으로, 또 어떤 곳은 실연을 잘하는 곳으로 저마다 특화된 역할과 책임을 주는 것이 중요하다. 이런 일들을 앞장서 진행할 리더를 정하고 역할을 부여하다 보면 보이지 않는 조직화가 이루어진다. 이때 지연, 학연, 혈연 등 업무 외적인 관계는 피해야 한다.

이처럼 조직화를 통해 급변하는 환경에 잘 대응하고 변화를 경험하면 더 큰 도약을 이룰 수 있다. 인류가 만든 최고의 발명품은 조직이라고 한다. 10이라는 힘을 가지고 10명의 사람들이 각자 열심히 일하면 최고의 성과가 100밖에 안 된다. 그러나 이것이 조직화되어 리더가 있고 각자의 역할과 직무가 명료하게 부여되면 리더의 리더십에 따라 결과는 어마어마하게 커질 수 있다. 반면 그렇지 못하면 오히려 마이너스 무한대의 결과도 만들 수 있다. 그러므로 조직화를 이루어 여러 사람이 가지고 있는 지식과 경험과 능력을 골고루 끄집어내서 당면한 문제를 해결해야 한다.

리더의 리부팅 또한 매우 중요하다. 나는 기업 컨설팅을 할 때 신입사원뿐 아니라 리더에게도 전문적인 미션을 준다. 회사의 캐피털 전문가가 되라든지, 고객관리 전문가가 되라든지, 광고 전문가가 되라든지 하는 미션을 주어 일정 기간 연구해 발표하게 하고 여럿이 공유하게 한다. 그렇게 하면 직원들도 신바람 나게 일한다. 일 잘하는 사람은 팀을 승리로 이끄는 축구 감독처럼 선수들에게 역할과 책임을 분명하게 주어 목표 달성이라는 한 방향으로 힘을 다하게 하는 조직화의 달인이다. 조직화가 명품 조직을 만들고 사기도 높이는 길이다.

혼자 일을 쥐고 있으면 멀리 갈 수도 없고 성공을 이룰 수도 없다. 일을 적극적으로 분산해 역할을 나누고 책임 또한 적극적으로 규명해 여럿이 한 목표를 이루어가게 일체감을 조성하는 것, 이것이 바로 조직에서의 목적 리부팅이다.

목적이 있는 삶

프랑스 철학자 앙리 베르그손(Henri Bergson)은 "약한 것을 드러내는 생물들은 환경에 적응해 잘 진화했지만 약한 것을 감추는 생물들은 점점 더 퇴보함을 알 수 있다"고 말했다. 인간을 비롯한 뼈를 드러내지 않고 약한 피부를 드러내는 생물들은 약한 곳이 늘 노출되었기에 적자생존을 통해 진화를 거듭한 반면, 갑각류와 같이 강한 것이 겉으로 드러난 생물은 오히려 진화에 실패한 경우가 많다고 한다.

성과에 따라 평가받고 비판받는 데 익숙한 무한 경쟁의 분위기, 단 한 번이라도 실패하면 인생의 낙오자가 될 것 같은 공포, 타인의 시선 하나하나에 안달복달하게 되는 불안한 현실에서는 아무도 자신의 약점을 있는 그대로 드러내지 못한다. 그러나 목적을 재설정하는 것의 기초는 자신의 약점을 있는 그대로 드러내는 것이다.

목적을 재설정하는 것은 '진정성을 갖고 목적을 다시 바라보라'는 의미다. 자신의 약점을 포장하거나 가리는 대신 있는 그대로 드러내어 목적을 재설정해야 한다. 자신의 강함만 믿고 목적에 대한 고찰이 부족한 공동체는 다 쇠락의 길을 걸었다. 역사를 보면 영원할 것 같던 강대국도 주변의 하찮은 부족에 의해 멸망된 경우가 많다. 로마, 한족, 남미 아즈텍, 고대 그리스 도시국가의 멸망 등에서 볼 수 있듯이 주변의 약소국이 강대국이나 문명국이 되고 다시 주변의 약소국으로 돌아간다. 이러한 이치는 기업이나 개인의 흥망성쇠에도 적용된다.

강하다고 자만하거나 자신을 속이지 말고 스스로의 나약함을 마주하자. 그리고 목적의 재설정을 위한 리부팅을 꾸준히 하자. 그렇게 하면 당초의 목적을 잃지 않고 그 목적에서 벗어나지 않을 수 있다. 목적지를 알면 목적지에 도달하는 데 가장 편리한 상태로 늘 준비할 수 있다.

나의 전작 『이기는 습관』은 베스트셀러가 되었지만 많은 돈을 번 것도 아니고 그렇다고 아주 유명해진 것도 아니다. 여전히 나는 나누고 봉사하며 나를 통해 누군가가 위로받고 용기를 얻기를 기대하고 있다. 나는 내가 가는 길의 목적을 잘 알고 있다. 삶의 목적이 '선한 영향력'이라면 그것으로 족하다고 생각한다.

맥도날드를 창립한 레이 크록(Ray Kroc)은 원래 컵 회사에서 종이컵 판매일을 했었다. 그는 쉰두 살이던 1955년 시카고에서 햄버거와 감자튀김을 팔기 시작했는데, 그의 사업의 목적은 가장 맛있는 햄버거를 공급해 고객들에게 사랑받는 것이었다. 그는 그 목적을 달성하기 위해 열심히 공부했다. 햄버거를 몇 도에서 구워야 가장 맛있는지, 패티는 어떤 간격으로 칼집을 내야 맛이 나는

지, 맛의 비법을 알아내고 터득하기까지 오직 한 가지, 고객에게서 사랑받고 인정받겠다는 목적이 힘으로 견뎌냈다. 목적은 좌절과 절망 속에서도 우리를 일어나게 만든다.

목적의 힘은 대단했다. 그는 직접 '햄버거 안내서'를 만들어 전국의 대리점에 보냈으며, 미국 일리노이 주 오크부룩에 햄버거 대학을 설립하고 햄버거를 굽는 기술과 인간관계, 대리점 운영법 등을 가르쳤다. 82세의 나이로 세상을 떠날 때 그는 억만장자가 되어 있었다. 그가 주장한 사업 성공의 비결은 간단하다. 사업을 하는 목적에 맞게 공부하고 그 목적을 한시도 잊어버리지 않는 것이다. 목적을 잊어버리면 공부할 동인을 찾기 어렵다.

우리가 살아가면서 흔들리는 이유는 목적을 잃어버렸기 때문이다. 여러분의 삶의 목적은 무엇인가. 일하는 목적은 무엇인가. 존재의 목적은 무엇인가. 거창한 것 같지만 이런 것들이 실은 아주 사소한 행위로 연결된다. 목적이 정립되어야 살아갈 에너지를 얻을 수 있고 아침에 일어나 출근할 수 있다. 내가 일하는 목적과 공동체가 나아가야 할 목적, 우리가 존재하는 목적은 멈추어 서서 바라볼 때 다시 가다듬을 수 있다. 목적을 생각하는 시간을 자주 가질수록 유익하다. 목적이 무엇인지를 깨닫는 숨고르기로 뛸 준비를 해보자.

3단계

방향잡기
: 방향성 리부팅

위험은 자신이 무엇을 하는지
모르는 데서 온다.

_ 워런 버핏

내가 가는 방향은
언제든 틀릴 수 있다

내가 어느 기업의 과장이었던 시절 미운 오리 같은 직원이 하나 있었다. 동작이 굼뜬 데다 무엇을 지시하면 알았다고 해놓고 제대로 실행하는 법이 없는 사람이었다. 그 직원 때문에 팀 분위기가 깨지기 일쑤고 그 직원을 훈계하다 보면 회의시간이 다 가버렸다. 그래서 그를 부르지 않고 다른 직원들에게 미션을 주었다. 그 직원을 철저하게 무시하고 아예 없다고 생각하고 일을 진행했다. 속칭 '왕따'를 시킨 것이다. 서러워서라도 일하는 자세가 바뀌지 않을까 하는 기대에서였다. 마음은 아프지만 팀과 그 직원을 위해 어쩔 수 없는 일이라고 생각했다.

그러던 어느 날 회의실에 들어갔는데 그 직원이 우두커니 혼자서 있었다. 깜짝 놀라 "일 안 하고 여기서 무얼 하고 있느냐"고 다그치는데 그 직원의 눈에서 눈물이 글썽거렸다. 왜 그러느냐고 물었더니 일도 제대로 못하고 과장님 속만 상하게 해드려 속상해 그렇다는 것이었다. 자리에 앉히곤 차 한잔을 하면서 이런저런 이야기를 나누었다. 그리고 그가 그동안 말하지 못한 어려움을 들을 수 있었다. 부모님이 암투병을 하고 있다는 얘기, 그래서 형편이 말이 아니라는 얘기 등 속에 있는 얘기를 모두 들을 수 있었다.

나는 죄책감이 치밀어 올랐다. 미워서 그런 게 아니니 걱정하지 말고 더 열심히 하라고 위로하면서 그를 자리로 돌려보냈다. 그때 나는 '피도 눈물도 없는 나'를 발견했다. 목표만 바라보며 옆을 돌아보지 못한 나에게 화가 났다. 이런 나를 리더라고 할 수 있을까. 나는 그저 직원들을 다그치고 몰아세우는 관리인이었던 것은 아닐까. 나 때문에 상처받은 직원이 얼마나 많았을까. 일을 배우고 잘되라고 그랬다지만 직원 한 명 한 명의 사정과 형편은 헤아리지 못한 채 그냥 불도저처럼 밀어붙인 것은 아닌가. 일보다 우선하는 것이 사람이라는 당연한 사실을 새삼 깨달았다.

그런 일이 있은 후 나는 직원들을 다그치기보다 이해하려고 노력하면서 목표를 공유하고 달성해야겠다고 다짐했다. 그때 나는 내 리더십에 있어 방향성 리부팅을 한 것이다. 지금까지 내가 중요시한 가치를 버리고 새로운 가치를 나의 방향성으로 삼았다. 지금도 가끔씩 그 직원에게서 안부 전화가 오는 걸 보면 그때 한 방향성 리부팅은 성공적이었던 것 같다.

　여러분은 어떤 가치를 추구하며 어떤 방향으로 나아가고 싶은가? 아무리 좋은 목적을 가져도 방향이 틀렸다면 제대로 목적을 달성할 수 없다. '방향성 리부팅'은 내가 추구하는 방향성이 맞는지 점검하는 과정이다. 시대나 환경에 따라서도 방향성을 재조정해야 할 일은 얼마든지 있을 수 있다. 그러므로 방향성 리부팅에서 중요한 것은 내가 추구하던 방향성이 잘못되었을 수 있다는 것을 인식하고 그것을 인정할 줄 아는 유연한 자세다. 그런 자세가 있다면 언제든 방향을 수정할 수 있고 새로이 잡아나갈 수도 있다.

방향이 옳으면
결과도 옳다

어린 시절 우리 집은 끼니를 걱정할 정도로 가난했다. 어머니와 함께 밤하늘의 별을 바라보던 날을 아직 기억한다. 어머니는 북극성을 가리키며 '북극성이 왜 북극성인 줄 아느냐'고 물었다. 북극성은 북쪽에 있어서 북극성이라며, 북극성만 보고 가면 길을 잃어도 방향을 잡을 수 있다고 했다. 방향이 옳으면 비록 성과가 당장 나타나지 않더라도 걱정할 필요가 없다는 뜻이었다. 내가 가고 있는 방향이 옳은지 늘 살펴보고 삐끗했다면 다시 방향을 잡아나가야 한다.

어머니는 내가 대학교 1학년 때 뇌출혈로 돌아가셨다. 일찍 어머니를 여의고 나는 슬픔에 빠졌지만 지금 생각해보면 어머니의 부재는 나쁜 영향만을 주지는 않았다. 오히려 어머니가 평상시 일러준

말들이 새록새록 기억이 나고 내 삶의 지침이 되었다.

'방향이 옳다면 결과는 걱정하지 마라.'

나는 조직의 장으로 있을 때 특출하게 잘하는 것도, 두각을 나타 낸 것도 없다. 그런데 내가 맡은 조직은 언제나 뛰어난 성과를 냈다. 나는 그 이유를 이런 내 신념 덕분이라고 생각한다. 고심해서 방향 을 정하고 나면 좌고우면하지 않고 추진하는 뚝심이 필요하다.

애플의 창업자 스티브 잡스 역시 이럴 때 불우하기 짝이 없었다. 부모는 너무 가난해 그를 입양 보내야 했다. 그를 입양해간 부모도 제대로 가르칠 형편이 못 되었다. 결국 그는 학비를 내지 못해 대학 에 입학한 지 여섯 달 만에 자퇴할 수밖에 없었다. 하지만 잡스는 학 교를 그만두고도 괜찮을 거라 믿었다. 친구들 방에 얹혀살면서 바닥 에서 자고 5센트짜리 빈 콜라 병을 모아 음식을 사 먹고, 일주일에 한 번은 하리크리슈나 사원에서 주는 식사를 얻어먹기 위해 11킬로 미터나 걸어갔다. 그러나 그는 좌절하거나 포기하지 않았다. 친구들 이 괜찮으냐고 물을 때마다 그는 아무 걱정 없는 사람처럼 웃으며 말했다.

"괜찮아. 괜찮을 거야."

그는 리드 대학을 중퇴한 뒤에 정규과목을 들을 필요가 없어지자 리드 대학에서 제공하는 서체 수업을 청강했다. 그때의 경험은 10 년 후, 잡스가 매킨토시 컴퓨터를 디자인할 때 피가 되고 살이 되었 다. 그는 서체에서 느낀 아름다움을 컴퓨터라는 테크놀로지에 접목해서 매킨토시를 구상할 때 그런 기능을 집어넣었다. 만약 그가 서체 수업을 듣지 않았다면 매킨토시의 복수서체 기능이나 자동자간 맞춤기능은 없었을 것이라고 한다. 맥을 복제한 윈도우에도 그런 기능이 없었을 것이며, 결국 개인용 컴퓨터에는 이런 기능이 실리지 못했을 것이라는 것이다. 그는 이런 이야기를 스탠퍼드 대학 졸업 연설에서 하면서 그 당시에는 그것이 무슨 도움이 될지 몰랐다고 했다. 10년이 지난 뒤에야 그 점들을 연결할 수 있었다는 것이다. 그러면서 그는 말했다.

"여러분은 점들이 미래에 어떤 식으로든 연결될 것임을 믿어야 합니다. 배짱, 운명, 인생, 숙명 등 그 무엇이 되었든 믿음을 가져야 합니다. 그 점들이 미래를 향해서 연결된다는 것을 믿어야 자신의 마음을 따를 용기가 생깁니다. 그것이 평탄한 곳으로 이끌지 않을지라도 결국 성공으로 이끌 것입니다."

그는 결핍을 겪었고 흔들렸지만 결국 점들을 연결해 성취를 이뤘다. 자신의 마음이 원하는 바를 잘 알고 있다면, 그 방향이 옳다면 너무 걱정하지 않아도 된다. 중퇴를 하고도 공부를 게을리하지 않았던 스티브 잡스처럼 언젠가 연결될 점들을 성실히 찍어나가면 된다.

가치
우선순위
매기기

방향성 리부팅의 핵심은 방향성의 옳고 그름을 가늠해보는 것이다. 내 방향이 옳은가 그른가의 기준은 그것이 '내가 추구하는 가치에 부합하는가' 하는 것이다.

그런데 우리는 하나의 가치만을 추구하는 것이 아니라 여러 가치를 중요하게 여기며 살아간다. 때론 여러 가치가 상충되는 상황이 생길 수 있는데, 이때의 혼란을 줄이기 위해 내가 추구하는 가치에 우선순위를 매길 필요가 있다.

'가치 우선순위 매기기'는 살아가는 데 무엇이 더 소중한가를 고민해서 미리 정해두는 것이다.

어떤 여인이 불이 난 자기 집에서 그녀의 그림들과 가장 애지중

지하는 가구들을 바쁘게 끌어내고 있었다. 그러다 갑자기 자녀들 중 한 명이 보이지 않는다는 사실을 깨달았다. 황급히 다시 방 안으로 돌진해 들어갔지만 이미 방은 불이 활활 타고 있었고 아이는 죽어 있었다.

그때 그 여인은 자신의 어리석음을 탄식하며 통곡했다. 자기가 꺼낸 모든 가구들을 저주했다. 차라리 그것을 꺼내지 못했으면 하고 생각했다. 그 하잘것없는 것들을 구하려다가 사랑하는 자식을 잃어 버렸기 때문이다.

무엇이 더 소중한가를 생각해야 인생을 올바른 방향으로 이끌 수 있고 후회가 없다. 혹여 하잘것없는 것을 붙들고 정작 소중한 삶의 핵심은 놓치고 있지 않은가.

한태완의 『성공과 승리의 열쇠』에 이런 이야기가 나온다.

1920년 벨기에 올림픽 금메달리스트인 육상선수 찰리 패덕은 자신의 모교를 방문해 후배들에게 이렇게 말했다.

"너희들은 어떤 사람이 되기를 원하니? 목표를 정하고 하나님께서 그것을 이루는 데 도움을 주실 거라고 믿어봐."

연설을 들은 제시 오언스는 그의 영웅 찰리 패덕에게 감동받아 스포츠 코치를 찾아가서 이렇게 말했다.

"코치님, 이루고 싶은 꿈이 생겼어요! 살아 있는 가장 빠른 사람인 찰리 패덕처럼 되고 싶어요."

그러자 코치가 말했다.

"제시, 꿈을 가지는 것은 훌륭하지만 그것을 이루기 위해 너는 꿈에다 사다리를 놓아야 해. 사다리의 첫 번째 단은 인내이며, 두 번째 단은 헌신이고, 세 번째 단은 훈련이며, 네 번째 단은 태도란다."

그 후 그는 자신의 꿈을 결코 포기하지 않겠다는 결단을 하고 꿈의 사다리에 발을 올려놓았다. 제시는 마침내 100미터와 200미터 경주에서 가장 빠른 사람이 되었으며 올림픽 경기에서 네 개의 금메달을 땄고, 그의 이름은 '미국 체육의 명예의 전당'에 새겨지게 되었다.

이 모든 것이 이루어질 수 있었던 것은 제시가 꿈을 가지고 있었고 꿈으로 가는 사다리에 기꺼이 올라가려고 했기 때문이다. 가치의 우선순위를 정하는 것은 당신이 가고자 하는 방향에 사다리를 놓는 것과 같다.

1차 가치와 2차 가치

우리는 어떤 형태가 되었든 자기가 가치 있다고 생각하는 것을 붙들고 살아간다. 그것은 돈일 수도 있고 권력일 수도 있고 명예나 자녀, 가족이나 사랑일 수도 있다. 어떻게 살아가는 것이 보람되고 가치 있는 것일까 하는 문제는 오래전부터 인류의 숙제였다.

심리학에서는 가치를 구분할 때 영구적이고 불변성을 가진 가치를 '1차 가치(중심 가치)'라고 하고 일시적이고 변할 수 있는 가치를 '2차 가치'라고 한다. 정리하면 다음과 같다.

1차 가치: 희망, 사랑, 지혜, 목적성, 중심, 유능

2차 가치: 지능, 인기, 즐거움, 권력, 학력, 신체적 매력

어떤 것을 붙들고 선택해 살아가느냐는 오로지 선택하는 각자의 몫이다. 1차 가치를 선택할 수도 2차 가치를 선택할 수도 있다. 다만 그 선택에는 책임과 의무가 따르기에 신중해야 한다. 게다가 내가 선택하는 가치로 인해 나는 행복하기도 하고 힘들거나 불안하기도, 좌절하기도 한다. 그렇기 때문에 어떤 가치를 추구하며 살 것인가를 충분히 고민해야 한다.

두 명의 유럽인이 모험 삼아 아프리카의 사막을 횡단해보기로 했다. 하지만 사막여행은 말처럼 쉽지 않았다. 물도 없고 사람도 없고 문화생활도 전혀 누릴 수 없었으니까. 두 사람은 죽을 고생을 하며 겨우겨우 사막을 횡단했고 사막여행이 끝났을 때 '어려운 일을 해냈으니 기념할 만한 것을 남기자'고 의견을 모았다. "두 사람의 이름으로 기념비를 세우자"고 한 사람이 말했다. 그러자 다른 한 사람은 "우리가 사막을 여행하는 동안 물이 없어 고생했으니 다른 여행자들을 위해 우물을 만드는 것이 어떻겠냐"고 말했다.

두 사람은 서로 자기 의견을 주장하다가 결국 두 가지를 다 만들

기로 결정하고 사막에 기념비와 우물을 만들었다. 오랜 세월이 흘러 두 사람은 다시 그 사막을 찾았는데 기념비는 모래바람에 휩쓸려 없어졌지만 여전히 우물만은 남아 여행자들의 타는 목을 축여주고 있다고 한다.

이 이야기를 통해 살아가면서 우물이 아니라 기념비를 세우려고 안간힘을 쏟을 때가 너무 많지는 않은가 반성해본다. 나는 인생이 가치 있다고 느낄 때는 변하지 않는 것을 추구할 때라고 믿는다. 수시로 변하는 것을 목적으로 삼는다면 내 삶도 이리저리 흔들린다. 언제든 사라질 수도, 위치가 바뀔 수도 있는 목적지로 가고 있다고 생각해보라. 그 여정은 위태로울 수밖에 없다. 그러므로 변하지 않을 가치를 추구하는 삶이야말로 목적지를 아는 삶이라고 생각한다.

중국인은 돈에 기준을 두고 움직이고, 일본인은 물건을 기준 삼아 움직인다고 한다. 가령 중국인은 물건 만드는 것이 고리대금보다 못하다고 판단되면 아예 공장을 닫고 고리대금업으로 전환한다. 반면 일본인은 물건에 대한 집념으로 일을 하기 때문에 가구공장을 하는 사람이라면 농기구가 아무리 이윤이 좋아도 한눈파는 법이 없다. 오직 연구하고 노력하여 자기가 만든 가구가 세계 제일이 될 때까지, 예술품의 경지까지 승화시키려고 노력한다. 그래서 몇 대를 이어 내려오는 집이 많다.

이렇듯 삶의 목적과 기준에 따라 삶의 방향이 바뀐다. 그렇다면 우리는 무엇을 기준으로 삼아야 할까? 나는 그것이 존재의 목적을 나타내는 가치여야 한다고 생각한다. 우리 자손에게 물려줄 것은 한정된 돈이나 물건이 아니라 부끄러움 없는 삶을 살 수 있도록 이끌어주는 옳은 방향이어야 하지 않을까?

방향을 밝혀줄
나만의 나침반

망망대해 한가운데에서 큰 배가 서서히 가라앉고 있었다. 선원들은 구명보트에 오르느라 정신이 없었는데 배가 완전히 침몰하는 순간 갑자기 한 선원이 선실로 뛰어 들어갔다 나왔다. 가까스로 구명보트에 오른 선원의 손엔 작은 뭔가가 있었다. 퉁명스럽게 선장이 물었다.

"도대체 목숨 걸고 가져온 게 뭔가?"

선원은 손을 내밀었다. 꼭 쥔 손안에는 나침반이 있었다.

하루도 바람 잘 날 없는 세상에서 우리에게 나침반은 있는가. 어떤 나침반을 붙잡고 살아가야 하는가. 무엇이 내 삶의 방향을 가리키고 있는가. 무엇이 내가 가야 할 길을 인도해주고 있는가.

내가 중시하는 가치들을 가지고 '나침반'을 만들어보자. 나침반을 만들고 그것을 항상 따르는 것, 그것은 우리가 살아가는 데 옳은 방향을 잡는 기초가 된다. 우리가 무엇을 하든지 어디를 가든지 묻고 또 물을 수 있는 삶의 나침반이 있다면 길 없는 광야에서도 길을 찾아 걸을 수 있고 때로는 길을 만들어 걸을 수가 있을 것이다. 갈 길을 잃었는가. 길이 없어 보이는가. 삶의 방향계, 나침반이 없기 때문이다.

그렇다면 살아가면서 어떤 환경에서도 흔들리지 않고 삶의 방향을 찾아줄 나침반은 무엇이 되어야 하고 어떻게 만들어지는가. 그것은 내가 가장 소중하다고 생각하는 가치를 정하는 것에서 출발한다. 우리는 앞에서 이미 내가 소중하게 여기는 가치를 찾고 우선순위를 정했다. 사랑이 가장 중요한 가치라고 생각한다면 사랑이 바로 자신의 나침반이 될 것이며, 정직이 가장 중요한 가치라고 생각한다면 정직이 나침반이 될 것이다. 혹은 문학이나 음악 등의 예술이 나침반이 될 수도, 내가 존경하는 인물이 나침반이 될 수도 있다.

반드시 궁극적이거나 거창한 것이 아니더라도 무방하다. 중요한 것은 자기 나름의 나침반이 정해져 있느냐 하는 것이다. 우리가 지향하고 이루기를 바라는 것이 힘들고 어려운 일들을 극복하게 도와줄 수만 있다면 그것 또한 소중한 나침반이 될 것이다. 성공한 사람들은 마음속에 늘 자신만의 나침반을 지니고 방향을 정해 도전하고 노력한 사람들이다.

3년간 우울증으로 고생하던 청년이 있었다. 그리고 그는 지독하게 가난했다. 그는 기름때 찌든 작업복을 입고 기계를 고치는 직공이었다. 리어카를 끌고 다니며 사과를 팔기도 했고, 산동네 판잣집을 돌아다니며 양말을 팔기도 했다. 그런 그에게 소박한 꿈이 있었다. 처음에는 화가가 되는 것이었다. 그러나 아무도 그의 그림을 사주는 사람이 없었다. 그래도 그는 낙심하지 않았다. 그는 그림 다음으로 좋아하는 글을 쓰기 시작했다.

그는 야학원에서 학생들을 가르치며 7년 동안 글을 썼다. 만약 책을 낸다면 절반은 가정을 돕고 절반은 가난한 이웃들에게 선한 도움을 주고 싶다고 기도했다. 그는 원고 뭉치를 들고 이 출판사 저 출판사를 다녔지만 그의 글을 받아주는 출판사는 없었다. 다섯 번이나 거절을 당했지만 여섯 번째 찾아간 출판사에서 드디어 그의 글을 출간하기로 결정했다. 이렇게 해서 탄생한 책이 바로 수많은 독자를 울린 이철환의 베스트셀러 『연탄 길』이다. 그의 책에는 그가 그린 그림 31컷도 실렸다. 그는 결국 자신이 좋아하는 그림과 글을 모두 해낸 것이다. 이어서 출간된 『행복한 고물상』『곰보빵』 모두 베스트셀러가 되었다.

이철환 작가는 어려운 환경에도 절망하지 않은 이유를 이렇게 고백했다.

"기름때 찌든 작업복을 입고 있을 때도 나는 프란츠 카프카를 읽고 있었다. 아무도 사 가지 않는 그림 옆에 서서 고개를 들 수 없을 때도 나는 알베르 카뮈를 읽고 있었다. 도스토옙스키와 말라르메, 스타니슬랍스키와 헤르만 헤세가 있어 나는 절망하지 않았다. 내 삶을 이끌어주는 나침반이 있었기에 나는 절망하지 않았다."

나는 중학교 2학년 때 조그마한 지방 신문에서 개최한 글쓰기 대회 산문부 장려상을 받고 나서부터 인생의 나침반 하나가 생겼다. 실은 장려상은 누구나 제출하기만 하면 다 주는 상이었다. 나는 장려상에 입상하고 나서 친구들에게 "이제 오래지 않아서 김소월의 시처럼, 이상의 소설처럼 학생들이 공부하는 교과서에 내 글이 실려서 학생들이 공부하는 시기가 올 거야"라며 각오를 말했었다. "대상, 가작, 입선된 사람도 가만히 있는데 고작 장려상 가지고서"라며 다들 입을 비죽거렸다. 그러나 어머니는 "네가 정말 글솜씨가 대단하구나. 당연히 교과서에 실리고말고. 부지런히 연습하고 노력해봐"라고 격려해주었다. 어머니는 내 글이 교과서에 실리려면 세 가지가 필요하다고 말했다.

첫째는 믿으라는 것이었다. 누구나 꿈은 꿀 수 있지만 아무나 꿈을 달성할 수는 없다. 그런데 어머니는 "내 글이 교과서에 실릴 거야"라고 주문처럼 외우면서 꿈이 이루어질 것을 반드시 믿으라고 했다. 나는 그 이후로 그렇게 믿으면서 부단히 글쓰기에 몰입했다. 둘째는 기록하라는 것이었다. 꿈을 향해 질주한 위치를 수시로 기록해서 자신이 어디에 있는지, 얼마나 가야 하는지 확인하면 동기부여도 되고 성취감도 얻을 수 있기 때문이다. 마지막 셋째는 절대로 포기하지 말라는 것이다.

그 꿈을 꾼 지 40년 만에 드디어 초등학교 6학년 국어읽기 교과서와 중학교 1학년 국어 교과서(두산동아)에 내 글이 실려서 학생들이 공부하고 있다. 중학교 2학년 때 만든 나침반을 꾸준히 보며 따라온 덕분이다. 삶을 지탱해주고 이끌어주는 각자의 나침반이 있을 때 우리는 절망하지 않을 수 있다.

인생의 나침반을 만드는 법

좋은 나침반은 어떤 것일까? 그것을 붙들고 살아갈 때 행복한 감정이 넘쳐야 한다. 다시 말해서 내가 정한 나침반을 생각하며 방향성을 리부팅하면 불편하고 힘들고 어려운 것들이 사라지는 힘이 있어야 한다. 마치 길거리에서 힘들게 행상을 하면서 살아가는 어머니에게는 '자식 사랑'이라는 나침반이 있기에 아무리 추워도 날씨가 더워도 힘든 줄 모르는 것처럼 말이다.

늘 정북과 정남을 가리키는 나침반은 배가 침몰하는 순간에도, 망망대해에 표류하는 순간에도 변함없이 자신의 역할을 다한다. 우리가 미리 정해둔, 인생에서 소중하다고 생각하는 가치를 축으로 하는 나침반은 방향을 잃어버리거나 방황할 때 우리를 다시 붙들어줄 리부팅의 기준이 된다. 바깥에서 오는 압박감이나 문제로 삶의 위기가 오더라도 방향을 다시 가다듬을 수 있게 해준다.

그렇다면 나침반은 어떻게 만드는가?

1. 긴 인생의 여정에서 내가 가져야 할 가치관을 정한다.
2. 삶에서 소중하다고 생각하는 한두 가지를 꼽는다.
3. 단기간에 이루어야 할 짧은 목표를 정한다.

1번과 2번이 가치에 관한 것이라면 3번은 그 가치에 맞는 좀 더 구체적인 액티비티를 정하는 것이다. 그저 무언가를 하겠다고 마음 먹는 것으로 그친다면 그것은 단지 바람일 뿐이다. 어떤 일을 하고자 할 때는 구체적이고 짜임새를 갖춘 액티비티 중심의 나침반을 만들어야 한다.

예를 들어 '선한 영향력'이 큰 방향성을 가리키는 나침반이라면 이를 뒷받침하는 짜임새 있는 액티비티는 '하루에 한 가지 이상 선한 일을 한다' '하루에 한 가지 이상 남을 돕는다' '하루에 다섯 가지 이상에 대해 감사한다' 등이 될 수 있다. 이런 경우 '선한 영향력: 1일 1선, 1일 1조, 1일 5감사'로 짜임새가 갖추어진다. 실제로 나는 내 인생의 나침반을 '선한 영향력'으로 정하고 그것을 잘 간직하다가 힘들고 지칠 때 방향을 제대로 못 잡겠다면 방향 리부팅의 기준으로 꺼내서 멈추어 바라보고 다시 시작한다.

사실 나침반은 계획표처럼 구체적일 수는 없다. 구체성이 떨어지면 실천력이 약해지는 것 아니냐는 지적을 할 수도 있겠다. 그러나 나침반은 목표가 아니므로 구체성보다는 방향성에 비중을 두고 설계해야 한다. 달성하지 못했다고 좌절하는 골인 지점이 아니라, 달리는 동안 옆 라인으로 넘어가지 않도록 안내해주는 차선의 개념이다.

　가치에 관한 것뿐 아니라 인생에서 성취하고 싶은 것을 구체적으로 계획하고 싶다면 다음 챕터에서 설명할 인생 설계도를 활용해보자. 인생 설계도는 나의 나침반이 가리키는 방향으로 가는 지도를 그리는 것과 같다.

남의 설계도를
따라 사는
삶이란

지인이 아들 A군을 연구소로 보내왔다. 아들이 내년에 대학에 진학해야 하는데 게임중독 수준이라 큰 걱정이라는 것이었다. 몇 시간 동안 A군과 상담해보니 그가 불안을 게임으로 달래고 있음을 알 수 있었다. 그는 뭘 해야 할지 모르는 채 막연히 미래에 관한 불안만 안고 있었다. 불안감을 잊으려다 보니 게임에 지나치게 빠진 것이다. 결국 그의 문제는 인생의 설계도가 없다는 것이었다.

상담을 통해 이 사실을 깨달은 나는 A군과 함께 인생 설계도를 그리기 시작했다. 처음에는 소극적이고 자기주장이 없던 A군이 설계도를 그리면서 점점 적극적으로 변하는 것이 보였다. A군은 사람의 일생에서 고3 시절이 차지하는 비중과 중요성을 새삼 깨달았다고 말했다. 그때부터 그는 학업에 열중했고 지금은 미국 명문대학에 진학해 공부하고 있다. 지금도 여전히 그는 스스로 세운 자기 인생의 설계도를 완성하기 위해 열심히 노력하고 있다.

건물 설계도는 건물을 완성하려는 목적을 가지고 만든다. 당신이 그리는 인생 설계도는 어떤 목적을 가지고 있는가? 앞서 설명한 목적 리부팅은 한 번에 완성되는 것이 아니기 때문에 목적을 설정했다 하더라도 설계도를 그리며 얼마든지 수정할 수 있다.

내 인생의 설계도를 스스로 그리지 않으면 남의 설계도를 따라 살게 된다. 그러면 '무엇 때문에 사는가'를 알 수 없게 된다. 내가 잘 살고 있는지 아닌지 평가할 수도 없다. 더욱이 삶에서 무엇이 빠져 있는지 깨달을 수 없다. 그러다 어느 순간 허탈해진다.

'내가 원했던 삶이 이거였나?'

왜 거기에 가는지도 모르는 채 따라가다가 보니 쉽게 지치고 힘들어진다. 우리가 흔히 말하는 성공이라는 것도 남들이 정한 지표가 아닌지 면밀히 바라보아야 한다. 나의 설계도를 그리는 것은 나다움을 되찾는 일이다. 지금 내가 잘하는 것에 집중할 수 있고 잘해나가는 설계도라면 충분하다.

이러한 관점의 창을 잘 여닫을 때 평안함을 유지할 수 있다. 항상 잘해야 한다는 강박이 우리를 힘들게 한다. 한 분야에서 프로로 인정받은 스포츠 선수들도 이러한 강박에 사로잡혀서 슬럼프에 빠지곤 하는데 일상을 살아가는 우리가 어찌 강박이 없으며 스트레스가 없을까.

베스 사위의 『멀티형 인간』에는 이런 구절이 나온다.

"당신이 추구하는 걸 얻는 것은 성공이다. 그러나 당신이 뭔가를 추구하면서 좋아한다면 그건 분명 행복이다."

행복한 사람은 모든 것을 가진 사람이 아니라 무언가를 만들어가는 사람이다. 무언가를 만들려면 설계도가 있어야 한다. 인생의 설계도란 내 인생의 항해를 이끌고 갈 중요한 방향계다. 꿈과 비전이 있더라도 설계도를 그려보지 않으면 하늘을 떠다니는 구름과 같다.

내 인생의 설계도를 그려라

스페인 남동부의 알리칸테라는 신도시에 47층짜리 유럽의 최고층 아파트가 지어지고 있었다. 그런데 완공 직전에 이 건물의 20층 위로는 엘리베이터가 없다는 사실을 알게 됐다. 처음에는 20층 건물로 설계됐지만 도중에 계획이 변경돼 47층짜리로 짓게 됐는데 설계사가 21층 이상의 엘리베이터를 설계에서 빠뜨린 것이다. 공사가 마무리되는 동안 아무도 그 사실을 깨닫지 못했다. 고층 건물을 짓는데 엘리베이터를 빠뜨리다니. 어처구니없고 황당한 일이다. 하지만 뭔가를 계획하다가 중요한 일을 빠뜨리는 일은 일상에서도 곧잘 일어난다. 출근하려고 지하주차장에 내려갔는데 자동차 열쇠가 없을 때도 있고 저녁식사 준비를 다 했는데 밥이 없을 때도 있다. 또 해외여행을 가려고 공항에 갔는데 여권이 없을 때도 있다.

일상의 일이라면 어찌어찌 수습할 수 있을 것이다. 그런데 이것을 인생으로 확대해보자. 혹여 소중한 인생의 여정에서 스스로의 설계도를 만들지 않고 그저 관행대로, 남의 설계도대로 살고 있는 것은 아닐까? 아무리 알 수 없는 게 인생이라지만 설계도 없는 인생은 더욱 결말을 예측할 수 없다. 삶의 옳고 그름을 평가할 수도 없다. 이렇게 깜깜한 암흑 속에서 아무것도 보지도 느끼지도 않고 머리로만 살아가려는 경향이 나타날 수 있다.

세상이 정해준 공식대로만 따라가고 있다고 느낀다면 이제 내 손으로 직접 내 인생의 설계도를 그려야 할 때다. 관점과 목적에 대한 성찰을 끝냈다면 인생의 설계도를 작성해볼 것을 권한다. 인생의 설계도를 작성하다 보면 목적이 더 또렷이 보일 것이다.

인생 설계도
그리는 법

그렇다면 인생 설계도는 어떻게 작성하는가. 우선 종이 위에 십자 모양의 세로축과 가로축을 그린다. 세로축에는 연령대를 기입한다. 연령대를 너무 세분화할 필요는 없지만 최소한 5년 주기로 표기하는 것이 좋다. 20대 초반, 20대 중반 이후, 30대 초반, 30대 중반 이후 등으로 50~60대까지 적는다.

가로축에는 '커리어' '재무' '타이틀' '공익'을 적는다. 이는 마케팅의 4P 전략(상품, 가격, 프로모션, 유통)을 인생에 적용한 것이다. 4P 전략은 기업에서 제품을 판매할 때 원하는 목표에 도달하기 위해 수립하는 전략이다. '상품'에서 타사 제품보다 어떤 장점이 있는지 확인하고, '가격'에서 손익분기점과 시장 상황을 고려해 판매를 촉진할 수 있는 가격대를 측정하고, '프로모션'에서 소비자에게 제품을 어떻게 소개하고 각인시킬지 결정하고, '유통'에서 이 제품을 어디에서 판매할 것인지 적합한 판로를 선정한다.

인생도 마찬가지다. 인생 설계도를 통해 '나'라는 상품을 어떻게 원하는 목표대로 만들 것인지 전략을 세워야 한다. 그리고 여기에 한 가지 더. 반드시 '공동체'라는 항목을 따로 만들어서 자기 성장과 공동체의 성장을 함께 가져갈 수 있도록 한다. 조직이나 공동체의 발전 없이 개인의 발전을 기대하기는 힘들기 때문이다.

첫 번째 커리어 칸에는 '어떤 능력을 갖춘 사람이 되고 싶은가'에 해당하는 것들을 적으면 된다. 가령 20대에는 '영어회화가 가능한 사람', 30대에는 '회계분석 전문가', 40대에는 '재무 전문가', 50대에는 '좋은 선배이자 멘토' 등이 될 수 있겠다.

두 번째 재무 칸에는 연령별 재무 목표를 적는다. 20대에는 '부모님과 함께 거주', 30대에는 '원룸', 40대에는 '30평형대 아파트', 50대에는 '단독주택' 등으로 주거를 중심으로 한 재무계획을 세우고 그 옆에는 현금유동성을 포함한 총자산을 그려 넣는다. 혹은 20대에는 '1억 원', 30대에는 '3억 원', 40대에는 '5억 원' 등으로 다소 포괄적이지만 큰 재무목표를 설정하고, 이를 세분화해서 단계별 목표를 세운다. 30대 후반에는 '내 집 마련' 등으로 계획을 구체화하는 것이다.

그렇게 하다 보면 구체적인 저축 목표가 생기고, 매월 급여의 몇

인생 설계도 (예시)

	커리어		재무
60대	경영자		40평대 이상
50대	재무전문가(박사)		30평대 이상
40대	회계전문가(회계사)		내 집 마련
30대	기획전문가(석사)		독립하기(원룸 이상)
20대	영어회화가 가능한 사람		부모님과 함께 살기

20대	공부가 취미인 사람		고아원 봉사하기
30대	일을 즐기는 사람		1년에 4번 이상 자원봉사하기
40대	봉사왕 타이틀 얻기		불우 소년소녀가장 돕기(5가정)
50대	분야 전문가		기부하기
60대	존경받는 사람		학교 설립하기

	타이틀		공익

회사 및 공동체의 비전

20대: 국내 2위
30대: 국내 1위
40대: 글로벌 5위
50대: 글로벌 3위
60대: 글로벌 1위

가족 및 이웃의 비전

20대: 가족 생일 챙기기
30대: 결혼. 가정 만들기
40대: 1년에 2번 가족들과 여행가기
50대: 1년에 1번 가족들과 해외여행 가기
60대: 한 달에 1번 이상 가족모임 갖기

퍼센트를 저축하고 지출할 것인가에 대한 구체적인 목표를 수립할 수 있게 된다. 이처럼 목표와 그것을 달성하기 위한 계획이 있는 사람과 그렇지 않은 사람은 생활방식이나 태도, 생각에서 큰 차이가 난다. 뿐만 아니라 그 차이의 폭은 시간이 지날수록 더 커져만 간다.

세 번째 타이틀 칸에는 갖고 싶은 수식어를 적는다. 예컨대 20대에는 '일벌레', 30대에는 '봉사왕', 40대에는 '전문가', 50대에는 '멘토' 등으로 설세할 수 있다.

네 번째 공익 칸에는 자신이 사회에 어떤 선한 영향력을 주고 싶은지 적는다. 이를 위해선 '나는 어떤 존재인가' '나는 어떤 일을 잘하고 사회를 위해 이를 어떻게 사용할 수 있을까'라는 고민이 필요하다. 만약 세 번째 항목 '타이틀'에 사회에 이익이 되는 수식어를 적었다면, '공익'은 이를 위한 실천 리스트가 될 수 있다. 20대에는 '불우한 소년소녀가장 돕기', 30대에는 '자원봉사 1년에 4번 하기', 40대에는 '자랑스러운 기부하기', 50대에는 '카자흐스탄에 학교 짓기' 등으로 사회적인 역할을 어떻게 행할 것인가를 정한다.

마지막으로 공동체 칸에는 내가 속한 조직의 위상이 어떻게 될 것인지에 대한 바람을 적는다. 20대에는 '국내 2위', 30대에는 '국내 1위', 40대에는 '글로벌 3위', 50대에는 '글로벌 1위' 등으로 정하는 것이다. 또한 개인적인 영역에서 내 가족과 이웃의 비전까지 적는다.

사실 설계도대로 따라가다 보면 시간이 빡빡하고 힘이 들 것 같지만 오히려 여유가 생긴다. 내가 뭘 원하는지, 내가 무엇을 위해 무엇을 할 것인지 이미 알고 있기 때문이다. 지금 나이가 많이 들었다고 해서 인생 설계도를 수립하는 것이 쑥스럽다고 이야기할 필요는 없다. 시작만이 있을 뿐 늦은 시작이란 없다.

인생 설계도를 짤 때는 유의해야 할 점이 있다. 이미 수립한 설계도도 항상 변할 수 있고 수정이 가능하다는 점이다. 한 번 정하면 요지부동의 설계도가 아니다. 상황이나 시기에 따라 얼마든지 변할 수 있고 수정할 수 있으니 수시로 들여다보고 점검할 것을 권한다.

옳은 방향인가
수시로 점검하라

만성적자에 도산 일보 직전이었던 일본레이저 사장으로 취임해 23년간 연속 흑자를 이끌어낸 곤도 노부유키 사장은 "회사가 잘되는 데는 이유가 없지만 회사가 망하는 데는 반드시 이유가 있다"고 말했다. 그리고 그는 자신이 생각했던 결과가 잘 나오지 않을 때는 자기반성을 통해 처음 세웠던 방향성이 옳은가를 다시 점검한다고 했다.

그의 말은 내가 이야기하는 방향성 리부팅과 일치한다. 삶에 있어서도 마찬가지로 당초에 설정해두었던 방향성에 맞게 나아가고 있는가를 수시로 점검해야 한다.

그렇다면 어떻게 해야 옳은 방향을 잡을 수 있을까? 기업의 경우 다음 다섯 가지를 유념했으면 한다.

1. 투명성에서 출발해야 한다. 스스로에게 또는 조직 내부의 구성원들에게 숨기는 것이 많으면 옳은 방향으로 가지 못하고 왜곡될 확률이 높다.

2. 개방성을 갖춰야 한다. 우리가 살아가는 사회에는 다양한 가치관이 공존한다는 사실을 받아들이고, 생각과 입장이 다른 사람에 대해 개방적인 태도를 가져야 한다.

3. 공정해야 한다. 개인이건 조직이건 평가의 기준이 명확하고 공정하면 옳은 방향으로 가고 있음이 확실하다.

4. 기회는 균등해야 한다. 외국인이든 몸이 불편한 사람이든 관계없이 모두가 공평한 기회를 부여받아야 한다.

5. 협업해야 한다. 업무나 일을 독점하고 있으면 옳지 못한 방향으로 갈 확률이 높아진다. 그러므로 직원들이 자발적으로 동참하게 하고 집단지성을 통한 문제해결 방식인 협업을 통해 방향성의 왜곡을 바로잡을 수 있다.

인생이라는 건물의 기초를 옳은 방향에 놓느냐, 아니냐에 따라 성공과 실패가 좌우된다. 인간의 삶은 진보하든가, 퇴보하든가 둘 중 하나일 뿐 중립이라는 것이 없다. 우리에게는 따라가야 할 분명한 길이 필요하다. 실패는 대부분 성공하지 못함에서 오는 것이 아니라 방향의 상실에서 온다. 많은 사람이 뚜렷한 방향 없이 금붕어처럼 작은 원 안에서 맴돈다. 그러나 목표가 있으면 연어처럼 흐르는 강을 거슬러 오를 수 있다. 꿈과 목표를 이루고 싶다면 방향성 리부팅으로 옳은 방향의 힘을 누려보길 바란다.

일의 방향을 잘 잡아야 성공할 수 있다

한 기업에서 일할 때의 일이다. 나는 영업실적이 최하인 지점의 경영 책임자로 갑자기 부임하게 되었다. 그 지점은 일반 매장 경쟁력은 그런대로 괜찮은 편이었으나 납품 분야에서 실적이 크게 미달되어서 광역 권역 중에서는 꼴찌를 도맡아 한 곳이었다. 이를 급속히 만회해야 성과를 올릴 수 있기에 나는 기업체나 정부 기관, 공공단체 등에 제품을 납품하는 영업사원들을 모집하려고 공고를 냈다.

그때 지원자 중에 34세 이정수 씨가 있었다. 그는 명문대 전자공학과를 수석으로 졸업하고 전공을 살려 IT 분야에서 사업을 시작했지만, IMF에 부도를 맞았다. 아들 둘을 둔 가장이기도 한 그는 그 후 안 해본 일이 없을 정도로 고생을 하다가 영업직 모집 공고를 보고 응시한 것이었다.

물론 그는 납품 영업 경험은 전혀 없었다. 하지만 '뽑아만 주면 죽기 살기로 하겠다'는 그의 각오를 높이 평가해서 그를 채용했다. 약 2주간의 납품 실무 교육을 이수한 뒤 영업사원들은 각자 활동을 개시했다. 그런데 다른 사람들은 성과를 내기 시작한 반면 이정수 씨는 2개월이 지나도록 너무나 저조한 성적을 냈다. 나는 그를 불렀다.

"이정수 씨는 누구보다 많이 노력하는데 왜 이렇게 성적이 미미합니까?"

질문이 떨어지자마자 그는 풀이 죽은 표정으로 대답했다.

"가는 기업체나 관공서마다 기존 업체들과의 경쟁이 너무나도 치열합니다. 게다가 결국은 가격 경쟁력에서 기존의 업자들에게 밀려 성과를 못 내고 있습니다."

그는 하소연이라도 하듯 자신의 심정을 토로했다. 나는 그가 제대로 영업을 공부하지 않고 성과만 내려고 한다는 생각이 들었다. 열심히는 하는데 방향이 틀린 것이다. 그래서 나는 그에게 다시 올바른 영업의 방향을 가르쳐주기로 했다.

● 방향 1. 기본을 공부하라

영업의 기본은 상권이다. 가격만의 문제가 아니라는 걸 직감적으로 간파했지만 직설적인 말로 그의 의지를 꺾기는 싫었다. 서랍에서 노트를 하나 꺼냈다.

"이제부터 이 노트에 이정수 씨가 관리하는 건물들을 하나하나 그리도록 하세요."

그는 어리둥절한 표정을 지어 보였다.

"예를 들어 이정수 씨가 관리하는 빌딩 1층에는 D은행 D지점이 있고, 2층에 D은행 사무실이 있고, 3층에 S건설 D지점이 있고, 4층에 K생명 D지점이 있다고 해봅시다. 1층에 있는 D은행을 상세히 그리세요. 컴퓨터는 몇 대를 사용하고 있고, 컴퓨터는 어느 브랜드의 것이며, 얼마나 있으면 교체할 것인지 파악하여 적어 넣으세요. 그리고 1층 D은행 지점장은 어떤 분이며, 구매 담당자는 누구인지 등을 파악해서 노트에 기입하세요. 이러한 방식으로 2층, 3층, 4층도 파악해서 기록하고 외우세요. 한 달 정도 지나면 그 빌딩건물만 봐도 층별로 컴퓨터는 몇 대를 사용하고 있고 교체 시기는 언제인지를 손바닥 보듯이 다 알아야 합니다."

그리고 계속해서 그에게 설명해주었다. 이렇게 해서 은행 빌딩이 다 파악되면 그다음으로 G호텔을 마찬가지로 자세히 층별로 그린다. 그런 다음에는 또 다른 영업처 현황을 하나하나 파악해서 노트에 기록해나가면 된다. 이 노트를 좀 더 활용하면 마케팅에서 얘기하는 인구통계적 특성을 파악할 수 있다. 이 것이 바로 '상권'이라는 노트가 된다. 상권을 모르고 영업을 하겠다는 것은 북쪽이 어딘지를 모르면서 북극을 탐험하겠다는 것과 똑같은 이치다.

● 방향 2. 나만의 경쟁력을 갖춰라

나는 두 번째 노트를 꺼내놓았다.

"이 노트는 나만의 경쟁력을 갖추기 위한 스크랩 노트입니다. 우리가 기업체나 공공단체에 납품을 할 목적으로 제안할 경우 어떻게 카탈로그를 준비하나요?"

"A사, B사, C사, D사의 카탈로그를 다 구비하여 가방에 넣어가서 설명하는 게 일반적인 방식입니다."

예상했던 대답이었다.

"여러 카탈로그를 찾아서 설명하기가 불편하지 않던가요? 고객도 대단히 혼란스러워했을 것 같은데."

그는 나의 말에 고개를 끄덕였다.

"이정수 씨만의 카탈로그를 만드세요. 예를 들어 29인치 TV를 고객에게 제안한다면, 모조지에 칸을 만들어 A사, B사, C사, D사의 29인치 TV 모양을 오려 붙이고, 가격은 얼마인지, 주요 규격은 어떻게 되는지, 장단점이 무엇인지, 구입해서 사용하는 사람은 누구인지를 본인이 직접 만드는 겁니다. 그렇게 하면 시중에 나와 있는 카탈로그를 들고 다니는 것이 아니라 내가 연구개발한 29인치 텔레비전에 대한 나만의 브리핑 차트를 갖게 되는 것이지요."

이때 제품의 사양과 가격만을 달달 외울 것이 아니라 각 제품끼리 비교, 분석하여 장단점을 충분히 알고 미리 연구하여 파악해두어야 함을 강조했다. 29

인치 TV에 대한 연구가 끝나면 50인치, 84인치 TV를 규격별로 나만의 카탈로그를 만들도록 했다. 냉장고, 컴퓨터, 세탁기 등도 이런 식으로 만들어두어야 한다. 제안하려고 하는 제품을 고객이 좀 더 쉽게 파악할 수 있도록 준비해야 한다.

비즈니스 세계에서 '남들처럼' 또는 '남들만큼' 생각하고 행동한다는 것은 결국 아무것도 하지 않는 것과 같다. 내가 선택받기 위해서는 내가 나만의 경쟁력이 무엇인지를 미리 정해서 남들과 다르다는 것을 분명하고 확실하게 보여주어야 한다.

● 방향 3. 품격을 관리하라

나는 마지막 노트 한 권을 더 꺼냈다. 마지막 노트는 고객의 품격을 관리하는 노트라고 할 수 있다. 업무를 하다 보면 CEO나 지점장, 총괄 등 의사결정을 할 수 있는 VIP 고객을 많이 만나게 된다. 그리고 그들의 명함도 많이 받게 되는데 이를 명함꽂이에 무심코 꽂아두는 경우가 허다하다.

나는 이정수 씨에게 VIP 고객의 명함을 세 번째 노트에 한 장씩 붙여놓을 것을 강조했다. 그들의 명함을 노트 한 장에 하나씩 붙여놓고, 그들을 위해서 내가 무엇을 해줄 수 있는지를 고민하라고 조언했다. 대단하고 거창한 일을 말하는 것이 아니다. 아주 작은 일이라도 괜찮다. 예를 들어 거래처 대표의 생일에 정성스레 카드를 보내는 것도 좋다. 좋은 의도는 좋은 결과를 낳는다. 고객에게 마음을 다하고 정성을 베풀 때에는 성과나 실적에 대한 의도는 접어두어야 한다. 오로지 성공한 분들의 좋은 기운을 받고, 삶을 배우겠다는 마음가짐, 그리고 친밀한 관계를 유지하겠다는 자세가 중요하다. 또 고객의 취미는 무엇이고 가족관계는 어떻게 되고, 개인적 성향은 어떤지 주변에서 습득하는 정보들을 하나하나 기록해둔다. 그리고 거기에 맞게 내가 어떤 제품을 제공할 수 있을지를 항상 고민한다.

그런 일이 있고 1년이 지난 어느 날, 드디어 그는 전사 특판 영업 분야에서 1등을 했다. 덕분에 내가 속한 본부도 꼴찌에서 1등으로 탈바꿈했다. 그는 내게 찾아와서 '지금까지 살면서 가장 많은 돈을 벌었다'며 영업에 대해 아무것도 모를 때 옳게 방향을 잡아주어서 감사하다고 했다. 나도 큰 보람을 느낀 순간이었다.

4단계

다시 시작하기

: 프로세스 리부팅

성공하는 사람은

실수에서 배우고

다른 방법으로 다시 시도한다.

_데일 카네기

다시
길을
내보자

기원전 3세기경, 두 나라에서 대토목 공사가 진행됐다. 한쪽은 진나라의 만리장성이었고 다른 한쪽은 로마의 가도 공사였다. 둘 다 대규모 공사였지만 만리장성으로 외부와 담을 쌓은 진나라는 곧 멸망했고, 사통팔달로 길을 낸 로마는 천년제국을 이루었다. 길을 낸다는 것은 프로세스를 구축해 소통하는 것과 같다. 일이 생각처럼 되지 않는다고 담을 쌓고 나만의 동굴로 들어갈 것인가, 아니면 길을 내고 다시 움직일 것인가.

잠시 멈추는 것은 결국 길을 내기 위해서다. 더 높은 성장과 도약을 위해 우리가 반드시 해야 할 일은 프로세스를 다듬는 것이다. 기존의 것보다 빠르고 효율적이며 차별화된 프로세스라면 더 좋다. 일하는 프로세스, 삶의 프로세스를 지속적으로 개선하고 보완하고 창조해보자. 어떻게 그렇게 할 수 있을까? 그 답은 기존의 프로세스 안에 이미 존재한다. 기존 프로세스가 너무 길지는 않은지, 줄일 수는 없는지, 아예 없앨 수는 없는지, 아니면 새로운 프로세스를 만들어야 하는지 찬찬히 살펴보자. 그런 다음 스스로 판단하고 리부팅을 해야 한다.

현재의 프로세스가 늘 최상이라고 믿어서는 안 된다. 프로세스를 다시 정립하고 점검하며 수정하고 보완해야 한다. 예를 들어 개인이나 조직 공동체에서 프로세스가 길면 성공할 확률이 낮아진다. 긴 프로세스 때문에 미리부터 진이 빠지기 때문이다. 그러므로 목표를 달성하기 위한 로드맵을 수정하여 보완하는 것은 매우 중요하다.

15~18세기 이탈리아 피렌체 경제를 350년 가까이 주름 잡았던 메디치 가문은 결국 몰락했다. 메디치 가문은 왜 몰락의 길로 들어섰을까? 많은 역사가는 메디치 가문이 문을 닫게 된 직접적인 원인은 코사모 3세의 리더십이 부족했기 때문이라고 말한다. 그런 의견에 일부 동의하지만 나는 기존 프로세스를 답습한 안일함에서 비롯되었다고 본다.

"위대한 정신은 위대한 가문을 낳았고 그 정신이 쇠퇴했을 때 가문은 문을 닫았다"는 연세대 김상근 교수의 주장에 전적으로 동의한다. 탁월함을 추구하던 개인이나 가문, 기업이 더 이상 탁월함을 추구하지 않을 때 그 가문은 문을 닫게 된다. 목적과 방향성이 동일

하더라도, 환경의 변화와 시간의 흐름에 따라 프로세스를 점검하고 업그레이드하지 않으면 위대한 정신도 쇠퇴하고 시대에 뒤처지게 되는 것이다. 정상에 오른 이의 쇠퇴는 결국 프로세스를 리부팅하지 않는 것에서 시작된다고 생각한다. 우리는 무엇을 물려주고 무엇을 물려받고 있는가? 재산보다 중요한 것은 프로세스의 힘을 알게 하는 지혜를 일깨워주는 것이다.

사소한 디테일의 힘

프로세스를 혁신하려고 노력하지 않는 개인이나 조직은 더 이상 성장하지 못한다. 탁월한 역량을 갖춘 사람들은 시대의 흐름에 맞게 자신의 프로세스를 리부팅한다. 번영의 지속성은 어떻게 프로세스를 리부팅했는가에 따라서 달라진다. 왜 스타벅스 경영에 하워드 슐츠 회장이 복귀했는가? 스티브 잡스가 없는 애플과 그가 건재했던 애플은 어떻게 다른가? 프로세스를 만들고 바꾸는 능력의 차이가 기업의 경쟁력이 된다. 어떤 목적을 달성하고 원하는 것을 얻으려면 일단 프로세스를 리부팅해야 한다.

방향성 리부팅에서 큰 방향성을 정했다면 '프로세스 리부팅' 단계에서는 더욱 사소한 것에 집중한다. 성공하고 싶다면 사소한 일에 충실해야 한다. 사소한 것에 신경 쓴다고 반드시 큰일에서 성공하는 것은 아니지만, 사소한 것을 놓치면 큰일을 망치게 된다. 작은 일일수록 쉽게 생각해서 실수하거나 그르치기 쉽기 때문이다.

사소하고 디테일한 일을 잘 관리하는 지름길은 철저하게 관찰하는 것이다. 관찰의 기준점은 당초에 설정해두었던 '방향성에 맞게 나아가고 있는가'에 있다. 당신은 디테일하게 관찰하는 눈과 귀를 가졌는가. 왜 상사의 눈으로 보면 보이는데 당신 눈에는 안 보이는 것일까. 원인은 어떻게 관찰하느냐의 차이에 있다. 삶에 있어서도 마찬가지다. 고수의 눈에는 방향성에 문제가 있는 게 보이지만 하수는 무심코 지나쳐서 방향이 엇나가는 경우가 허다하다. 이제부터 사소한 일들을 살펴보며 프로세스를 재정립해보자. 프로세스 리부팅이 새로운 길로 안내할 것이다.

실수를 기회로, 프로세스 리부팅

앞서 우리는 큰 방향을 리부팅했다. 방향을 재설정했다면 이제 다시 시작할 때다. 살아 있는 것은 움직인다. 언제까지 멈춰 있을 수만은 없다. 다시 시작하기 위해서는 프로세스를 가다듬어야 한다.

프로세스라고 하면 어렵게 느껴질지도 모르겠다. 보통 프로세스는 생산과정에서 여러 작업을 효율적으로 처리하는 것을 뜻하고, 컴퓨터에서는 실행하고 있는 프로그램을 뜻하기도 한다. 이 책에서 이야기하는 프로세스는 '어떤 일을 하는 순서나 과정'이라고 생각하면 된다.

신입사원 시절 나는 총 수요와 점유율을 분석해서 보고하는 일을 맡았다. 업계 동향, 경영 분석, 미래 전망의 순으로 작성되는 보고

서의 핵심은 숫자였다. 모든 것이 숫자로 입증되어야 하는데 인문학을 전공한 나이기에 숫자는 쉽게 눈에 익지가 않았다. 당시 내 상사는 숫자에 워낙 밝았는데 내가 보고할 때마다 점유율 숫자에 조금씩 오차가 나서 낭패를 봤다. 그런데 상사는 내가 실수할 때마다 숫자를 일일이 고쳐주면서 말했다.

"신입사원 때는 실수를 겁내면 안 됩니다. 오히려 마음 놓고 실수한다고 생각하고 속도를 내십시오. 하지만 똑같은 실수를 반복하지 마세요."

나는 내가 일하는 과정을 다시 찬찬히 들여다봤다. 어떻게 해야 똑같은 실수를 하지 않을까. 고민 끝에 나는 아예 기초 데이터를 입력할 때부터 숫자만큼은 직접 일일이 체크하기로 했다. 그렇게 반복하다 보니 숫자를 정확하게 검증하는 습관이 몸에 익었다. 그 후 내가 작성한 보고서나 품의서, 기획안에서 더 이상 숫자 오류는 나오지 않았다.

나는 이런 일련의 과정을 '프로세스 리부팅'이라고 부른다. 나는 비록 실수를 했지만 그것을 리부팅의 기회로 삼았다. 만약 그렇게 하지 않았더라면 나는 계속 같은 방식으로 숫자를 다루었을 것이고 계속 같은 실수를 반복했을 것이다. 직장뿐 아니라 생활에서도 실수를 할 수 있다. 일이 잘 풀리지 않을 때도 있다. 이럴 때는 잠시 멈추어 프로세스를 가다듬는 과정이 필요하다. 생활습관이나 일하는 방식을 점검하고 재정립하는 것이다.

신입사원 시절의 실수는 두고두고 나를 빈틈없이 확실한 사람으로 변화시켰고, 깔끔하고 정확한 사람이라는 이미지를 만들어주었다. 사람은 누구나 실수할 수 있다. 다만 그 실수를 어떤 자세로 받아들이느냐에 따라 상처가 될 수도 있고 다시 도전하는 기회가 될 수도 있다. 실수하더라도 절대 변명하거나 당황해서는 안 된다. 실수를 과감하게 인정하고 고백하라. 고치면 된다. 고치려는 강한 의지를 갖고 검증하는 습관을 들이면 실수가 기회로 바뀐다.

　　이것이 바로 프로세스 리부팅이다. 프로세스 리부팅을 익히면 실수하는 걸 덜 두려워하게 된다. 실수하더라도 프로세스를 바꾸거나 바로잡고 다시 나아갈 수 있다는 믿음이 생기기 때문이다. 실수가 기회가 되는 과정을 경험하면 더 자신 있게 도전할 수 있다.

　　직장생활에서든 개인생활에서든 "마음 놓고 실수하라"고 말하고 싶다. 실수하는 게 두려워서 도전하지 않으면 가능성조차 사라진다. 소중한 것을 이루려는 마음가짐이 있다면 실수라는 길을 관통해 성공이라는 행복에 도달할 수 있다. 인본주의 심리학자 매슬로(Maslow)는 이렇게 경고한다.

　　"만약 당신이 능력보다 조금 모자라게 살고자 한다면 당신은 불행한 인생을 살 것이다. 그 이상의 가능성은 영원히 갖지 못한 채 짧은 인생을 마감하고 말 것이다."

일과 생각의
흐름을 바꿔라

많은 직장인이 매너리즘이나 번아웃으로 고민하며 나를 찾아온다. 그런 직장인들을 보면 대부분 억지로 일하고, 일한 대가로 고만고만한 월급을 받는 생활에 지쳐 있다. 단순히 회사나 직장 동료가 싫은 것이 아니라 '일' 자체에 질려버린 것이다.

나도 가끔 그런 생각으로 가슴이 답답한 경우가 있었다. '청춘을 다 바쳤는데 내게 남은 게 무엇인가' 하고 허무해질 때가 있었다. 그러나 그런 생각의 고리를 끊을 사람은 자기 자신밖에 없다. 나는 그럴 때마다 다음 다섯 가지를 떠올리며 생각의 흐름을 바꾸려고 노력했다.

기쁨: 내가 하는 일은 항상 즐겁다.

학습: 회사는 내가 평생 먹고살 것을 가르쳐준다.

도전: 꿈과 도전이 없으면 나도 없다.

가치: 내 연봉은 내가 준다.

정반합: 세상에 공짜는 없다.

나는 매일, 아니 하루에도 여러 번씩 이것을 읽고 되새겼다. 의식적으로 생각을 바꾸다 보면 행동도 생각을 따라가게 된다. 그것이 습관이 되고, 문화가 되면 여러분의 삶도 바뀌어 있을 것이다. 일을 즐기면서 최선을 다하다 보면 어느덧 훌쩍 성장해 있는 자신의 모습을 발견할 것이다.

미술계에 막 등단한 젊은 화가가 거장을 찾아갔다.

"어떻게 하면 성공할 수 있습니까? 가르쳐주십시오. 저는 2, 3일 동안 하나의 작품을 완성합니다. 그러나 그것이 팔리기까지 2, 3년은 걸리는 것 같습니다."

그러자 거장은 청년의 어깨를 두드리며 말했다.

"그건 아무것도 아니라네. 한 폭의 그림을 2, 3년 걸려 그려보게. 그러면 그 그림은 2, 3일 안에 팔릴 걸세."

일과 생각의 흐름을 바꾸면 기적이 일어난다. 그것을 바꾸는 과정이 바로 프로세스 리부팅이다.

게으른 강자가 되지 않으려면

과거 경쟁에서 승리한 개인이나 기업은 과거의 성공에 안주하고 새로운 도전과 혁신을 게을리하게 된다. 스탠퍼드 대학의 윌리엄 바넷(William Barnett) 교수는 이들을 '게으른 강자(lazy monopolist)'라고 명명했다. 1라운드에서 전략과 기술 그리고 시스템의 경쟁자들을 압도해 승자가 된 사람은 성공에 대한 자부심으로 혁신의 필요성을 느끼지 못한다.

반면 1라운드에서 패배한 사람은 패배 요인을 분석하고 자기 혁신을 통해 역량을 강화한다. 그 결과 2라운드에서는 패자가 승자를 이기게 된다. '게으른 강자'라는 개념은 과거의 성공이나 시장 지배력에 안주하지 말고 항상 위기의식을 갖고 끊임없는 혁신을 해야 한다는 것을 역설한다.

게으른 강자가 되는 길을 피할 순 없을까. 그 방법은 바로 프로세스 리부팅에 있다. 세상의 모든 성과물은 프로세스를 통해 돌아간다. 그리고 프로세스는 유동적이며 계속 진화한다. 그러므로 1라운드에서 이겼든 졌든 프로세스 리부팅은 필수다. 성공했다고 해서 기존의 프로세스를 고집하면 안 된다. 환경과 조건은 변화하기 때문이다. 패배한 쪽 역시 당연히 원인을 분석하고 프로세스를 리부팅해야 한다.

프로세스 리부팅은 수시로 하는 것이 가장 좋지만 여건이 안 된다면 적어도 6개월에 한 번씩 의도적으로 추진하길 권한다. 리부팅 방법은 다음과 같다.

개인 측면: 생각-행동-습관-라이프스타일의 전 과정을 다시 세팅한다.

우리는 생각을 행동으로 옮기고 그 행동이 반복되어 습관이 된다. 그리고 생활습관, 식습관 등이 모여 하나의 라이프스타일을 이룬다. 이 과정을 이해하면 나쁜 결과가 나올 때 과정을 하나씩 되짚어가며 원인을 추적할 수 있다. 그리하여 전 과정을 복기하며 잘못된 부분을 바로잡아나갈 수 있다.

성공하는 사람들의 근본적인 비결을 살펴보면 대부분 그 사람의 생각에서 열쇠를 찾을 수 있다. 메이저리그의 박찬호 선수는 야구만 잘해서는 야구로 성공할 수 없다고 했다. 투수라면 시속 150킬로미터 이상의 볼을 던지는 것 말고도 공을 현명하게 던지는 지혜, 위기를 헤쳐나가는 용기, 동료와의 소통, 상황 변화에 대한 판단력 등이 수반되어야 한다는 것이다.

그런 그의 생각은 행동으로 이어졌다. 박찬호 선수는 영어를 배우고 미국 문화와 습관을 몸에 익히고 독서와 명상을 통해 마음을 다스렸다고 한다. 이러한 노력의 결실이 그를 단순히 공을 잘 던지는 투수가 아닌 경기를 잘하는 투수로 성장하게 만들었다.

기업 측면: 개발-구매-마케팅-생산-배달-판매-서비스의 전 과정을 다시 세팅한다.

일반적으로 기업에서는 연구개발팀이 중심이 되어서 시장과 고객의 니즈를 파악해 신제품을 개발한다. 마케팅에서는 연구개발팀과 상호 협의 하에 어떤 제품을 만들 것인지, 원가를 감안해 가격은 얼마로 정할 것인지, 판매는 어떻게 하고 광고 선전은 어떻게 할 것인지, 서비스는 어느 기준에 맞출 것인지를 논의한다. 이 과정을 돌아보고 리세팅할 부분이 있다면 전사적으로 실행해야 한다.

강한 조직은 변화를 통한 도전을 시도하는 조직이다. 어느 날 한 그룹의 회장이 나에게 이렇게 이야기했다.

"도전하지 않는 것은 죄악입니다. 도전하지 않으면 현상 유지가 아니라 퇴보입니다. 왜냐하면 다른 기업들이 전진하기 때문입니다."

목표가 미달한 것에 책임을 묻는 것이 아니라 도전하지 않는 데 대한 책임을 이야기하는 것에 나는 매우 놀랐다.

조직에 속한 개인도 마찬가지다. 기회만 생기면 일과 생각의 흐름을 바꾸기 위해 뭔가를 배워야 한다. 야간에 대학원을 다니든지 아니면 주말에 학원을 다니든지, 벤치마킹을 하든지, 스스로 성장할 수 있도록 도전해나가는 것이 중요하다. 배움을 통해 생각이 바뀌고 일의 흐름을 변화시킬 수 있기 때문이다.

삼성전자는 지역전문가 제도를 운영하고 있다. 세계 각국으로 1년 동안 파견해 그 나라의 문화, 생활습관, 의식, 제도를 현지에서 습득한다. 나중에 이들이 세계 각국으로 파견되면 대단한 글로벌 경쟁력을 발휘하게 된다. 왜 많은 돈을 들여서 이런 제도를 도입했을까. 이런 일련의 과정을 통해 일과 생각의 관행적 흐름을 새로운 흐름으로 바꾸기 위함이라고 본다.

한 가지 더 덧붙이자면 고객 측면에서도 똑같이 실행할 수 있다. 고객의 입장이 되어 경험해보고 불편한 점은 없는지, 개선해야 할 부분은 무엇인지 등 고객의 관점에서 프로세스를 리세팅해야 경쟁력이 생긴다.

프로세스 리부팅을 돕는 학습과 토론

프로세스를 다시 만드는 데 필요한 것은 학습이다. 학습을 하는 쉬운 방법은 독서다. 가장 쉽고 가성비가 좋은 방법이기도 하다. 내가 만년 꼴찌 하는 조직을 맡게 되었을 때 가장 먼저 한 일은 직원들을 훈련하는 필수 코스를 만드는 것이었다.

나는 직원들에게 지혜와 통찰을 주는 책을 읽게 하고 독후감을 쓰게 했다. 그리고 자신의 일에 적용할 아이디어를 제출하도록 했다. 몇몇 핵심 인력에게는 전공 서적 10권 읽기를 지시하고, 그들이 읽은 전공 서적은 모든 구성원이 공유하도록 했다.

그렇게 하는 것이 일과 직접적인 관련이 없다고 생각하기 쉽지만 독서의 결과는 분명히 나타난다는 것을 경험을 통해 알게 되었다.

배우지 않고 실력이 늘거나 읽지 않고 탁월해질 수는 없다. 여기서 착각하면 안 될 것이 하나 있다. 그것은 독서의 경쟁력은 양이 아니라 질이라는 것이다. 얼마나 많이 읽었느냐가 아니라 어떻게 이해하고 소화했느냐가 중요하다.

프로세스 리부팅에서 학습과 함께 필요한 것은 토론이다. 내가 직장생활을 하던 시절 이렇게 말한 상사는 아직도 기억에서 잊혀지지 않는다.

"계급장 떼놓고 토론합시다. 직책은 더 좋은 아이디어를 못 나오게 합니다. 마케팅이 뭐요, 전략은 뭐요, 왜 일하는 거요?"

그는 상사였지만 직책이나 위계를 제쳐두고 토론하자고 했다. 그제야 좀 더 솔직하고 과감한 의견들이 나오기 시작했다.

이순신 장군은 로드맵을 다시 그리는 데 프로였다. 우리가 잘 아는 명량대첩만 하더라도 13척의 군함으로 133척의 일본 군함을 격퇴하지 않았던가. 그런 그는 전쟁에 나서기 전에 늘 장수들을 모아놓고 토론을 했다. 어떻게 해야 일본군을 무찌를 수 있을까? 더 좋은 전략은 뭘까? 이런 주제에 대해 이야기를 나누면서 대책을 세우고 공감대를 형성했다. 말이 통하고, 뜻이 통하고, 마음이 통할 때까지 이런 과정을 반복했다.

이런 것들이 자리를 잡자 전쟁에서 이순신 장군의 진정한 리더십이 나왔다. 이순신 장군이 위기에 처하자 어부와 마을 주민들까지

나와서 도와주었다. 리더 혼자서 그리는 로드맵은 그다지 큰 위력을 발휘하지 못한다. 로드맵을 그리는 데 핵심 인재들을 동참시켜서 처음부터 그들의 공로가 되게 하는 것이 중요하다.

성장
노트를
만들어라

생각을 바꾸고 행동을 변화시키는 모든 과정은 내 삶의 프로세스를 조정하는 과정이다. 나는 그 과정을 노트에 기록할 것을 많은 사람에게 권한다. 기존의 방식에서 문제가 있는 것을 바꾸고, 바꾼 것을 실행한 결과를 기록하는 것이다. 이렇게 하면 문제를 바로잡으며 성장하는 성취감을 느낄 수 있다. 나는 이것을 '성장 노트'라고 부른다.

한 달에 한 권 나만의 성장 노트를 만들어볼 것을 제안한다. 새롭게 배울 것을 정리하고 배운 내용을 기록하며 전문성에 조금 더 다가가면서 일을 대하는 생각의 흐름을 바꾸어보기 위함이다. 당신도 어느 날 갑자기 어떤 이유에서든 회사에서 퇴직할 수 있다. 하지만 퇴직은 해도 은퇴는 하지 않았으면 한다. 퇴직했더라도 우리는 계속 일하고 활동해야 한다.

은퇴자가 안 되려면 어떻게 해야 할까? 현재 하는 일을 제대로 배우는 것이 먼저다. 배움의 기회는 학교에서보다 현장에, 그리고 지금 당신이 있는 곳에 훨씬 더 많다. 전문성이 없으면 경쟁력이 떨어지고, 경쟁력이 떨어지면 은퇴도 고려하게 된다. 고령화 사회에서 당신의 존재감이 상실될 수 있다. 그러므로 더 이상 미루지 말고 '열공'해야 한다. 당신과 당신의 조직이 열심히 현안을 놓고 문제를 들여다보고 공부해 해결하는 노하우는 결국 당신과 당신의 조직을 영원한 강자로 만들어줄 것이다.

현재의 일을 열심히 하면 배울 수 있다. 또 일하며 프로세스를 고치는 과정에서 다시 한 번 더 배울 수 있다. 이런 과정을 성장 노트에 기록하면 다음 예와 같다.

기존 방식	문제점	바꾼 방식	결과
배의 제조는 도크에서만 해야 한다.	도크를 만들려면 막대한 비용이 소요(몇 천억 원 이상)된다.	육지에서 배를 만들 수 있도록 한다.	선박 위에 레일을 설치해 이동하여 1500억 이상 절감했다(현대중공업).
일터에서 경험으로 배운 재무지식만으로 일해왔다.	전문적으로 회계학 공부를 해보지 않았다.	회계사 자격증을 취득한다.	전문 회계 컨설팅을 할 수 있게 되었다.
외국어는 영어회화만 가능하다.	중국과의 거래가 늘고 있는데 중국어를 하지 못한다.	중국어를 배운다.	중국과의 비즈니스가 원활해졌다.

이때 결과 칸에는 경과를 좀 더 자세히 작성하면 좋다. 예를 들어 방식을 바꾼 지 1주 차, 2주 차 등으로 변화를 기록하는 것이다. 처음에는 시행착오를 겪을 수도 있고 이전과 똑같이 해버릴 수도 있을 것이다. 그런 것까지 솔직하게 기록하자. 그렇게 하면 스스로를 다잡을 수 있고 서서히 변하는 자신을 확인할 수도 있다.

어른은 아이들처럼 하루아침에 자라지 않는다. 더군다나 내적인 변화는 작은 행동을 쌓아가면서 만드는 것이다. 이것을 일관성을 가지고 실천해가기란 쉽지 않다. 우리는 할 일이 많기 때문이다. 회사 일도 해야 하고 개인생활도 해야 하고 집안일도 해야 한다. 그렇기 때문에 기록을 해야 머릿속에 더욱 각인이 된다. 생각 속에서만 떠돌던 것을 글자로 확인하면 실체가 된다.

성장 노트와 함께 꾸준히 내가 살아가는 방식, 일하는 방식을 점검하고 변화를 시도해보자. 어느 순간 훌쩍 성장해 있는 자신을 발견하게 될 것이다.

빠르고
효율적인
체계를 잡는 법

몽골 초원에는 가끔 지독한 가뭄과 때 이른 강추위가 닥친다. 유목민은 대대로 그런 재앙을 겪어왔다. 그런 척박한 환경에서 그들에게 살아남는 것 이상의 가치는 없었다. 살아남기 위해 전쟁이나 약탈도 마다할 수 없었으며, 동족끼리 피 흘리는 제로섬 게임의 내전을 거치고 살아남을 길은 오로지 밖으로 세력을 넓혀 파이를 키우는 길밖에 없었다. 그런데 다행히도 그들은 불확실성과 가변성으로 가득 찬 자연에 적응하는 열린 사고와 삶의 방식, 프로세스를 가지고 있었다.

13세기 중반 로마제국보다 4배나 넓은 면적을 정복한 칭기즈칸은 적들이 미처 대비할 여유를 두지 않고 질풍처럼 들이닥쳤다가 질풍처럼 사라져버리는 새로운 전쟁 방식을 사용했다. '기마군단'이라고 불리는 전투 프로세스였다. 그들은 군대의 이동 속도, 전투 시의 진격 속도를 높이기 위해 불필요한 것은 소지하지 않으며 병참(군사작전에 필요한 인원과 물자를 관리, 보급, 지원하는 일)이 없는 군대를 만들었다. 속도를 방해하는 모든 것을 없애고 속도를 높여주는 새로운 프로세스를 도입한 것이다.

찰스 다윈(Charles Darwin)은 진화론에서 강한 종(種)이 살아남는 것이 아니라 환경에 적응하는 종이 살아남는다고 말했다. 환경에 적응하기 위해서는 고정관념을 버리고 끊임없이 변화해야 한다. 역사적으로 보면 정착민은 공간을 지배해왔지만, 유목민은 시간을 지배해왔다. 시간을 지배한다는 것은 프로세스를 관리한다는 것을 의미한다.

요즘의 하루는 예전의 한 달과 거의 맞먹는다. 어쩌면 그 이상일지도 모른다. 하루아침에 법이 바뀌고 자고 일어나니 세계 정세의 판도가 뒤집혀 있는 경우도 허다하다. 필름 제조기업인 코닥은 디지털카메라 시대가 되면서 자취를 감추어버렸다. 기술의 변화를 따라가지 못했기 때문이다.

이러한 변화에 적극적으로 대응하고 능동적으로 대처하려면 어떻게 해야 할까? 당신의 인생을 흐르는 시간 속에 방치해두어서는 절대로 거친 파도를 헤쳐 나갈 수 없다. 스피드를 높이는 프로세스만큼 경쟁우위를 가져다주는 무기도 없을 것이다. 순간의 프로세스를 놓치면 영원히 기회를 놓치고 만다. 그러므로 이제부터라도 프로세스 리부팅을 통해 부가가치를 높이는 일에 속도를 붙여보자.

기존의 프로세스를 들여다보라

스피드를 높이기 위해서는 기존의 프로세스를 들여다봐야 한다. 하루에 열몇 시간씩 책상 앞에 앉아 있는데도 성적은 제자리인 학생이 있다. 그것은 공부하는 프로세스가 잘못되었기 때문이다. 나만 공부를 열심히 하는 것은 아니다. 그렇기 때문에 무작정 열심히 하는 것만으로는 부족하다. 좀 더 효율적인 프로세스로 공부해야 한다.

직장생활에서도 처음 입사했을 때는 하루를 24시간이 아니라 48시간처럼 살면서 이리 뛰고 저리 뛴다. 하지만 안정기에 들어섰다 싶으면 허리띠를 느슨하게 풀어놓기 시작한다. 여기에 빠지기 쉬운 함정이 있다. '할 만하다' '성공했다'고 생각할 때가 사실은 위기의 시작이다.

그런 다음 시간을 어떻게 효율적으로 잘 분배할지를 고민해야 한다. 공연히 불필요한 시간에 매달려 있지는 않은가. 그렇다면 과감하게 시간의 구조조정을 시행해야 한다. 나는 강연이나 컨설팅 등으로 바쁜 나날을 보낸다. 그런 와중에 어떻게 책을 집필하느냐고 누군가가 물었다. 시간이 몹시 부족한 게 사실이다. 그래서 나의 일과를 점검해 글 쓰는 시간을 짜냈다. 나는 매일 단상을 조금씩 칼럼 형태로 기록하는 습관을 들였다. 이것을 하루도 빼놓지 않는다. 새벽이든 한낮이든 발상이 떠오르면 기록한다. 또 아침에 눈을 뜨면 무엇을 읽든지 손에 잡히는 대로 읽는다. 대신 책을 쓰고자 하는 내 목적에 방해되는 활동에 쓰는 시간은 줄였다. 좋아하던 골프도, 저녁 모임도 줄였다.

조직에서 리더를 맡고 있다면 리더는 어떻게 조직의 시간을 효율적으로 관리할지 고민해야 한다. 시간관리 프로세스가 곧 업무관리이자 품질관리이고 경쟁력의 관리다. 필요한 일을 남보다 빨리 해내는 능력을 갖추는 프로세스를 개발하고 운영하는 것이 경쟁력이다. 필요한 일을 제때 남보다 빨리 하려면 불필요하고 가치 없는 일들을 과감하게 없애야 한다. 보고를 위한 보고서를 작성하거나 시간 때우기 회의나 쓸데없이 우르르 몰려다니는 문화를 많이 볼 수 있는데 이런 낭비를 제거할 프로세스를 재구축하는 것은 생존과 성장을 위해서도 매우 중요하다.

불필요한 일을 줄여 속도를 높여라

1980년대 IT 기업의 대명사였던 IBM은 1992년 현격하게 매출과 이익이 떨어져 위기를 맞았다. 공룡기업으로 성장하다 보니까 고객까지 다가가는 프로세스가 너무 길어서 속도가 민첩하지 못했고 직원들도 별다른 위기의식 없이 현실에 안주하고 있었다. 그때 회사는 유명한 컨설턴트였던 루이스 거스너(Louis Gerstner)를 사장으로 영입한다.

그가 IBM의 사장이 된 후 처음 한 일이 프로세스의 혁신이었다. 그는 만장일치제를 채택하고 있던 프로세스인 전사경영위원회의를 해체했다. 이 회의 때문에 많은 중역의 시간이 낭비되어 조직 전체가 고객을 향해 신속하게 반응하지 못했기 때문이다. 대신 고객사와의 행사에는 전 중역이 참석해 고객들의 문제를 풀도록 하는 새로운 프로세스를 만들었다.

이처럼 거스너는 일하는 방식을 변경하고 새로운 프로세스를 만들어서 스피드 문화를 확산했고 그 결과는 대성공이었다. 성과를 중심으로 고객을 향해 움직이는 직원들의 속도가 빨라졌으며 경영성과 또한 현저하게 개선되었다.

우리는 늘 시간이 없다고 말한다. 하지만 나는 프로세스 리부팅을 해봤냐고 묻고 싶다. 지금 하고 있는 일에 만족하면서도 성공을 거두지 못하고 있다면 시간을 잘못 활용하고 있는 것이다. 적은 시간을 투자해 높은 성과를 달성하는 방법이 무엇인지를 파악해 그것에 집중해야 한다.

시장, 고객, 회사, 전문 분야 등 어떤 것에든지 더 능률적이고 효과적으로 일할 방법이 존재한다. 불필요한 일에 너무 많은 시간을 쏟고 있지는 않은가? 그렇다면 그 일을 과감하게 제거하자. 대신 새로운 가치 있는 일을 만들고 그것에 몰입할 수 있는 프로세스를 만들어야 한다.

프로세스 안에 답이 있다

더 높은 성장과 도약을 위해 우리가 반드시 해야 할 일은 프로세스의 변화다. 새로운 프로세스를 개발해야 한다. 기존의 것보다 더욱 효율적이고 표준화된 프로세스, 차별화된 프로세스로 바꿔야 한다. 일하는 프로세스, 삶의 방식의 프로세스, 생산 공정의 프로세스를 지속적으로 개선하고 보완하고 창조하는 일에 몰입할 때 경쟁력을 유지할 수 있다. 실제로 개선과 변화와 혁신에 대한 답은 프로세스 안에 존재하기 때문이다.

프로세스에 대해 좀 더 알아보자. 예컨대 은행 업무를 보려는 고객들이 줄을 서 있다고 해보자. 이 고객들 각각이 하나의 프로세스이고, 그 프로세스(고객)는 다섯 가지 과정(생성, 준비, 실행, 대기, 소멸)을 반복하는 것이다.

생성: 번호표 발급받기

준비: 번호가 불릴 때까지 앉아 있기

실행: 창구로 가서 업무보기

대기: 일이 처리될 때까지 기다리기

소멸: 모든 일을 끝내고 은행에서 나가기

고객 한 명이 다섯 가지를 실행하면 또 다음 고객이 같은 과정을 반복하면서 프로세스가 작동한다. 만약 대기 줄이 줄지 않는 문제가 발생했다고 해보자. 문제의 원인은 프로세스 안에 있을 것이다. 번호표를 뽑는 '생성' 단계에 문제가 있을 수도 있고, 업무를 처리하는 '실행' 단계에서 뭔가 삐걱대고 있을 수도 있다.

거듭 강조하지만 프로세스 안에 답이 있다. 그렇기 때문에 프로세스별로 정밀하게 체크하는 지혜가 필요하다. 조직에서도 마찬가지다. 인하대 김연성 교수는 시폭(SIPOC)을 알면 프로세스가 잡힌다면서, 신제품을 개발해 고객에게 전달하는 프로세스를 한눈에 볼 수 있게 설명한다.

● 시폭(SIPOC)

S(공급자 Supplier**):** 생산에 필요한 모든 자재, 설비, 장비 등을 납품하는 협력 업체

I(투입 Input**):** 프로세스에 들어가는 내용물인 자재, 인력, 기술, 장비, 방법 등

P(프로세스 Process**):** 제품 생산 과정

O(산출 Output**):** 프로세스에서 생산되는 결과물로 품질이나 생산성의 측정 대상

C(고객 Customer**):** 결과물에 대한 만족 여부를 평가하는 주체

시폭(SIPOC)은 제품의 생산 과정에서 적용되는 것이지만 원용하면 다른 조직에서도 능히 프로세스를 알아가는 데 도움이 될 것이다. 문제를 해결하는 첩경은 프로세스를 챙겨보고 프로세스 안에서 답을 찾아내어 리부팅하는 것이다.

5단계

흔들리지 않기

: 유일성 리부팅

성장의 토대는

자신이 노력, 시간, 에너지를 들여

계발할 가치가 있다는 믿음이다.

_ 데니스 웨이틀리

나를
발견하는
법

응용심리학 박사인 야오야오는 우울증과 불면증 등 심리 불안을 겪었던 여성이다. 그녀는 자신의 경험을 바탕으로 쓴 책 『왜 나는 나를 아프게 하는가』에서 마음속 그늘에서 벗어난 자신을 드러낸다. 중국의 국가 2급 심리상담사이기도 한 그녀는 '고독은 고립과 달라서 어떤 때는 누군가와 함께 있어도 여전히 고독하다'는 것을 발견한다. 그리고 누군가와 육체적으로 서로 의지하고 있어도 정신적 고독은 쉽게 사라지지 않는다는 것을 깨달았다. 항상 타인과 교류하고 사람들로 둘러싸인 현대사회에서 외로움을 느끼는 것도 바로 이런 현상 때문이라는 것이다.

또한 그는 누구나 공격과 상처를 받으면서 자신이 처한 상황에 무력감을 느끼게 되고 점점 의기소침해지고 우울해진다고 말한다. 그리고 누워 있는데도 잠이 오지 않는 불면증 환자들과 외상 후 스트레스 장애로 인한 악몽 탓에 잠시도 숨을 곳이 없다고 느끼는 사람들이 너무나 많이 늘었다고 진단한다. 이렇게 심리적 압박을 받으면서 살아가는 현대인들이 의지할 곳은 어디일까.

군중 속에 있어도 여전히 고독하고, 사는 게 지루하기만 하다면 나에게 시선을 돌려야 한다. 나의 삶을 되찾는 것이다. 내가 원하지 않는데 억지로 이 일을 하고 있다거나 내 인생이 다른 사람의 통제하에 있다고 느끼면 누구나 우울해진다. 내 인생을 내가 컨트롤한다는 자신감을 만들어가야 한다.

"하루에 18시간, 일주일에 96시간을 일했습니다. 누구보다 가장 먼저 출근하고, 새벽이 되어서야 퇴근했습니다. 집에 돌아와서는 맥주 캔을 따놓고는 한 모금 마시기도 전에 잠이 들었습니다. 그런 생활을 10년이나 했습니다."

기자가 물었다.

"그 시간들을 어떻게 버텼나요?"

"버티는 게 아니라 좋아서 했습니다. 정확히 말하면 즐겼던 시간들입니다"

열일곱 살에 요리를 시작해서 '부르즈 두바이'의 주방장이 된 강레오 셰프의 이야기다. 그는 어떻게 했기에 힘든 시간을 '버티는 시간이 아닌 즐기는 시간'으로 바꿀 수 있었을까? 그의 좌우명에서 그

실마리를 찾을 수 있다.

'나에게 기대를 갖자.'

영국의 유명한 정신과 의사인 알렉산더 캐논(Alexander Cannon) 박사는 어떤 난치병이라도 신념으로 고칠 수가 있다고 말했다. 신념이란 강한 신뢰를 말한다. 자신을 믿고 더 나은 내가 될 수 있다고 믿는다. 이 신뢰 덕분에 우리 삶은 발전해나간다.

다산 정약용은 무릇 지켜야 할 것이 '나'라고 했다. 사람들은 전혀 달아날 염려가 없는 집과 땅 같은 것을 목숨 걸고 지키려고 한다. 그러나 정작 지켜야 할 것은 '나'다. 내가 나를 잃으면 그 많은 물건을 다 지녀도 내 것이 아니다.

발견을 위한 질문

자기 자신을 찾는 것은 의미 있는 '발견'이다. 나를 발견하고 격려하고, 나의 무한한 가능성을 믿는 것이다.

톰 울프(Tom Wolfe)의 『필사의 도전(The Right Stuff)』이라는 소설에는 전쟁 중에 수많은 전과를 올리는 척 예거라는 파일럿이 나온다. 보통 다른 파일럿들은 스스로를 특별하게 선발되어 어려운 임무를 완수하는 엘리트로 여겼지만 척 예거는 달랐다. 그는 자신이 '부단한 노력과 배움이 필요한 사람'이라는 것을 깨달았다. 자신에 대한 겸손한 발견 덕분에 척은 전쟁에서 큰 공을 세우고 무사히 살아 돌아온 뛰어난 파일럿이 되었다.

사람들은 다른 사람에 대해서는 잘 평가한다. 남의 잘못이나 남이 잘한 것은 잘 발견하지만 정작 스스로에 대해서는 잘 모른다. 그러나 내 삶의 주인공은 바로 나다. 그렇기 때문에 내가 누구인지를 아는 것이 중요하다. 현재의 나를 발견하지 못했으면서 미래의 나를 그려나갈 수 있을까.

나에 대한 발견에는 대가가 요구된다. 의지를 가지고 노력해야 자기 자신을 발견할 수 있기 때문이다. 현재의 나를 발견하기 위해서는 다음 두 가지 질문을 스스로에게 계속해서 할 필요가 있다.

1. 나는 내 일에 흥미가 있고 진지한가?
2. 현재 나는 익숙함에 젖어 있는가?

1번 질문에 긍정의 답을 하면 리부팅이 잘 진행되고 있다 할 것이다. 2번 질문은 쉽게 대답하기 어려울 수 있다. 만약 일이 쉽고 적당하며 스트레스가 거의 없다면 익숙함에 젖어 있는 것이다. 그렇다면 당신은 더 치열하게 리부팅을 해야 한다.

나답게
살기로 했다

그리던 그림을 곧잘 쓰레기통에 던져버리던 화가가 있었다. 그림이 마음에 들지 않았던 까닭이었다. 그런 날이면 화가는 자신이 미워 오랜 시간 비탄과 실의에 잠겼다. 그럴 때마다 그의 아내는 쓰레기통에 버려진 그 '미완성의 꿈'을 정성스럽게 펴서 이젤 위에 다시 놓아두곤 했다. 그러면 화가는 한참 그 그림을 주시하다가 다시 붓을 들어 그림을 그렸다. 이렇게 해서 완성시킨 작품이 「전원풍경」「목욕하는 여인」 등이다. 화가의 이름은 폴 세잔. 하마터면 역사의 뒷전으로 사라질 뻔한 작품이 지금은 많은 이들의 가슴에 불후의 명작으로 남아 있다.

지금은 위대한 화가로 불리는 세잔은 동시대 사람들에게 조롱받는 미운 오리 새끼 신세였다. 그는 당시 그림에 대한 고정관념과 전통에 대항하는 그림을 그렸기 때문이다. 그가 쓰레기통에 내팽개친 그림은 사실 보고 싶지 않은 자신의 인생이었다. 그러나 그 외면당한 인생, 미운 오리 새끼는 후에 모든 사람의 찬사를 받는 백조로 변신했다.

누구나 자신이 싫어질 때가 있다. 일이 마음처럼 되지 않을 때도 있다. 그러나 쓰레기통 속에도 가공을 기다리는 보석이 숨어 있을 수 있다고 나는 믿는다. 그 보석은 스스로 찾지 않으면 안 된다. 모조리 쓸모없는 것 같아 쓰레기통으로 처넣고 싶을 때도 있다. 그런 멈춤의 시간도 괜찮다. 냄새 나는 쓰레기통을 다시 들여다보고 싶지 않겠지만 멈춤의 시간이 흐른 뒤에는 다시 흘깃거리게 될지 모른다.

당신 곁에 세잔의 아내와 같은 조력자가 있다면 더없는 행운일 것이다. 그러나 스스로도 다시 구겨진 그림을 펼칠 수 있다. 그리고 다시 그림을 그려보는 것이다. 당신이 싫어하는, 혹은 사람들이 싫어하는 자신의 모습은 당신만이 가진 색깔일 가능성이 높다. 그것에 계속 관심을 두고 그려나가면 명작이 될 수 있다.

자기 자신에게 던지는 질문

"자기만의 색깔을 갖는 것은 지극히 위험이 따르는 일이다. 군중 속에서 하나의 모방, 하나의 숫자, 하나가 되는 것이 훨씬 쉽다."

철학자 키에르케고르의 말처럼 나다움을 유지하는 것은 쉬운 일이 아니다. 사람들과 어울려 살아가다 보면 쉽게 휩쓸리며 살게 된다. 앞에서 아무리 방향을 잘 잡았다고 해도 다른 사람들이 가는 방향이 더 옳아 보이기도 한다. 그러면 어느 순간 어영부영 사람들 행렬에 끼여 어디로 가는지도 모른 채 묻혀 가게 된다. 그렇다고 고립을 자처할 것인가. 사람들과 더불어 살면서도 나 자신을 잃지 않고 흔들림 없이 나아갈 순 없을까.

자기 자신을 알고 자신과 공조하는 것이 중요하다. 자신을 깊이 이해할 때라야 비로소 자신의 핵심 가치와 삶의 목적, 그리고 내 삶의 우선순위를 알 수 있다. 어떤 환경과 상황에서도 흔들리지 않기 위해 '유일성 리부팅'이 필요하다. 나다움을 찾고 그것을 지켜나가기 위해서다. 다시 말해 유일성 리부팅이란 나 아니면 할 수 없는 것을 만드는 것이다.

내가 디자인한 삶은 여러 가지로 나타날 수 있다. 누군가에게 보여주기 위한 삶은 군중의 삶이라 할 수 있다. 반면 자기 자신과 공조해 스스로에게 보여주고 싶은 삶은 나다움이 디자인된 삶이다. 나만의 삶을 디자인하기 위해서 다음 두 가지 질문을 스스로에게 던져보자.

1. 내가 가진 핵심 가치는 무엇인가?

2. 나여야만 하는 이유는 무엇인가?

똑같은 환경 속에서도 누군가는 잘 극복하고 누군가는 절망하는 이유는 무엇일까. 군중의 1인으로만 자신을 정의하고 정체성을 찾지 못한 채 휩쓸려 사는 것이 하나의 원인이라고 나는 생각한다. 내가 아닌 남이 되려고 하면 인생은 언제나 힘들다. 그러나 우리는 어렸을 때부터 사회가 원하는 가치와 기준에 맞추도록 교육받아왔다. 남들의 기준에 자신을 맞추는 것을 너무나 당연하게 여기고 내가 무엇을 좋아하고 싫어하는지 생각할 시간조차 가지기 힘든 것이 현실이다. 그렇기에 더더욱 의식적으로 '나'를 생각해야 한다. 어렵더라도 타인의 기준에 나를 맞추지 않고 있는 그대로의 나를 인정하고 정의할 때 진정한 유일성 리부팅이 일어난다.

남이 정해준
명함에서
벗어나라

오래전부터 알고 지내던 선배가 어느 날 사무실로 놀러왔다. 선배는 평생 직장생활을 하다가 퇴직한 지 얼마되지 않았을 때였다. 요즘은 무엇을 하고 있느냐고 물었더니 "나 이렇게 살고 있어" 하면서 명함을 한 장 주었다. 명함은 한눈에 보기에도 그럴싸하게 잘 디자인되어 있었다. 워낙 유능한 사람이라 '재취업을 했구나' 생각하면서 명함을 살펴보았다. 그런데 명함에는 세로로 '자유인 아무개'라고 쓰여 있었다. 나는 웃으면서 말했다.

"역시 대단합니다. 그래, 자유인이 되니까 홀가분합니까?"

"명함이 없으니까 이렇게 편하고 많은 것이 보일 줄 몰랐지. 지금까지 세상을 너무 좁게 보고 산 듯해서 넓은 의미의 명함을 만든 거야. 어때, 멋있지 않은가!"

선배는 시종일관 웃음을 잃지 않았다. 직장생활을 할 때는 자유인으로서의 진정한 나를 의식하지 못하게 마련이다. 그저 명함에 쓰인 나, 명함에 규정된 내가 전부인 것처럼 그 속에 갇힌다.

부장 시절 회사 일로 저녁 늦은 시간까지 창밖을 바라보며 고뇌하던 나에게 한 선배는 이렇게 격려해주었다.

"전략 도사가 뭘 그리 고민하시나. 그냥 네가 할 수 있는 선까지만 해."

우리는 명함대로 산다. 명함에 '대리'라고 씌어 있으면 대리만큼 일하고, '과장'이라고 씌어 있으면 과장만큼 일한다. 어찌 보면 너무나 당연한 일이다. 그러나 나는 선배의 조언에 따르지 않고 명함 바깥의 나를 만들기로 했다.

나는 언제나 기업가가 되는 것이 꿈이었다. 그래서 생각만이라도 기업가가 된 것처럼 바꾸기로 했다. 주어진 내 명함의 틀에서 벗어나자 시야가 넓어졌고 일하는 방식도 달라졌다. 더 적극적이고 진지하게 업무를 받아들이게 되었다.

비록 나는 월급쟁이였지만 기업가 근성이 생긴 것은 그 덕분이었던 것 같다. 그리고 어느 날 나는 진짜 월급쟁이의 명함을 버리기로 결정했다. 멀쩡한 회사를 그만두고 대학교수로 자리를 옮기려고 했을 때 아내는 이렇게 푸념했다.

"그 좋은 직장을 왜 그만두려고 그래요. 남들은 못 들어가고, 더 다니고 싶어도 그만 다니라 해서 못 다니는데 제 손으로 사표를 낸다니요."

하지만 내 생각은 달랐다. 직장생활을 계속하면 어느 정도 미래가 보장되겠지만 25년 넘게 직장생활을 했으면 할 만큼 한 것이고 배울 만큼 배운 것 아니겠는가. 이제는 다른 방법으로 내 기량을 발휘할 수도 있다고 생각했다. 그래서 나의 길을 택했다. 물론 둥지를 떠나는 두려움과 떨림이 전혀 없었던 것은 아니다. 그러니 새로운 세계에 도전한다는 설렘이 훨씬 더 컸다. 그리고 지금 나는 직장에 있을 때보다 더 많은 일을 하고 있다. 교육 프로그램 운영, 기업 컨설팅, 멘토링, 강연, 집필 등 명함이 규정했던 나를 벗은 후에 더 많은 나를 찾았다.

틀에 갇힌 생각이 성장을 막는다

어떤 정의나 틀에 갇히면 더 이상의 전략적이고 유연한 사고가 나오지 않는다. 이것은 기업의 경우에도 마찬가지다. 하워드 슐츠는 『스타벅스, 커피 한잔에 담긴 성공신화』에서 스타벅스의 유산에 대해 이렇게 이야기한다.

"우리는 스타벅스가 항상 최고 품질의 신선한 원두커피를 팔아야 한다는 원칙 외에는 사업상 거의 모든 것을 고치고 혁신할 수 있다."

그의 말처럼 그는 창업 19년 만에 '스타벅스 커피'라는 로고에서 '커피'를 지우고 '스타벅스'로 변경하면서 이름까지 바꿀 수 있다는 걸 보여준다. 이것은 모든 가능한 영역에 사업을 확대하겠다는 의지의 표명이었다. 이름, 직함 등은 우리를 제한하고 규정한다. 사고의 범위도 그 안에 갇히기 쉽다.

당신은 새로 나온 명함을 만지작거리면서 '이제는 좀 편하게 살겠구나. 연봉이 올랐으니 윤택한 생활도 가능하겠구나. 그리고 친구들이나 누구에게 새 명함을 주면 나를 인정할 테지'라고 생각하며 명함 속의 자신을 들여다보고 있지 않은가. 남이 정해준 명함의 틀에서 빠져나오는 리부팅이 필요한 시점이다.

나만의 명함 만들기

회사에서 준 명함이 아니라 당신 스스로의 명함을 디자인해보자. 지금까지 멈추어 숨을 고르고 방향을 잡는 과정에서 자신의 참모습을 발견했을 것이고 내가 원하는 나의 상이 떠올랐을 것이다. 그것을 바탕으로 나를 규정할 수 있는 한마디를 명함에 적어보자. 예를 들어 나는 이렇게 만들어보았다.

"이기는 것도 습관입니다 ─ 리부팅으로 자신을 돌아보자"

선한 영향력을 주는 사람
전 옥 표

물질재가 아닌
경험재를 사라

코넬대 심리학과 토머스 길로비치(Thomas Gilovich) 교수와 동료들은 사람들이 행복을 느끼는 것에 관한 실험을 했다. 경험재와 물질재를 사는 것 중 어떨 때 더 행복을 느끼는지 물어본 것이다. 우선 경험재를 구매했을 때를 참가자들에게 상상하게 하고 그때 느끼는 감정에 대해 물었다. 예를 들어 좋아하는 가수의 콘서트장에 들어가려고 기다릴 때 기분이 어떠한지를 물었다. 또 한편으로는 물질재를 구매했을 때, 예를 들어 스마트폰을 구매한 뒤 기다릴 때 기분이 어떤지를 물었다. 참가자들은 어떤 경험을 앞두고 있을 때에는 주로 '기대가 된다' '흥분된다' 같은 긍정적인 감정을 나타냈지만, 물질재를 구매한 후에는 대부분 '(기다리느라) 짜증 난다' '조바심 난다' 같은 부정적 감정을 표출했다.

실험 결과에 따르면, 참가자들은 물질재보다 경험재를 구매할 때 더 행복해하고 신나했으며 즐거워했다. 즉, 자동차나 텔레비전, 스마트폰 등의 물건을 사는 것보다 미쉐린 레스토랑에서 식사를 한다거나 좋아하는 공연을 보러 가는 등 경험재에 돈을 쓸 때 사람들은 더 행복해진다. 과거를 떠올려보라. 행복을 느낀 순간은 언제인가? 아마 뭔가를 샀을 때인 경우는 드물 것이다. 그보다는 부모님과 놀이공원에 갔을 때라든지, 연인과 여행을 갔을 때라든지, 뭔가를 경험했던 기억일 가능성이 크다.

그러나 다른 사람들과 더불어 살아가다 보면 나도 모르게 경험재보다 물질재에 집착하게 되기도 한다. 우리는 끊임없이 다른 사람과 나를 비교하게 되는데, 그 기준은 쉽게 물질재가 되어버린다. 내가 모임에 BMW를 타고 가도 친한 친구가 훨씬 더 비싼 벤틀리를 타고 오면 왠지 내 차가 초라하게 느껴진다. 그래서 보다 좋은 차를 사려고 노력하는데, 여기에는 끝이 없다. 남보다 좋은 물건을 산다고 한들, 나보다 더 좋은 물건을 가진 사람은 언제나 존재한다. 그러면 우리는 혼란에 빠진다. '열심히 살아왔는데 저 친구보다 안 좋은 차를 타야 하다니' 하는 생각이 든다. 헛산 것 같다는 생각이 들 수도 있다. 이렇듯 맹목적으로 다른 사람들의 삶과 비교하며 따라가다 보면 나 자신을 잃어버리게 되고 중심을 잡기 힘들어진다.

반면 경험재를 중시한다면 굳이 타인이 가진 경험재와 자신의 경험재를 비교해서 가치를 평가하지 않는다. 나는 오래된 자동차를 그대로 타고 다닌다. 너무 오래되어서 외관이 허술하지만 자동차의 본래 역할인 이동수단으로서는 손색이 없고 오랫동안 타서 추억이 많다. 그래서 자동차라는 물질재를 새로 구입하기보다는 그 자동차를 타고 추억이라는 경험재를 많이 만들려고 노력한다.

누구나 스마트폰을 가지고 있고 나보다 더 좋은 스마트폰을 가진 사람도 많다. 그러나 그 안에 담긴 내용은 모두 다르다. 콘서트장 역시 다른 사람도 나와 같은 것을 경험할지 모르지만 그곳에서 내가 느낀 감정은 나만이 가진 유일성이다. 게다가 그 경험과 감정을 남들과 공유함으로써 내가 느끼는 행복이 더 커질 수도 있다.

이직이 아니라 이력을 추가하라

경험재는 당신을 특별하게 만드는 데 더욱 도움이 된다. 가슴속에 특별한 경험을 축적해보자. '무언가를 살 것인가, 말 것인가' 대신 '무엇을 경험할 것인가'를 고민해보는 것이다. 이것을 일에 적용하면 물질재는 '이직', 경험재는 '이력'이라 할 수 있다. 나는 강의를 할 때마다 직장인들에게 강조한다.

"이직이 아니라 이력을 추가하십시오."

더 크고 좋은 회사로 옮기고 연봉을 높이는 것이 많은 직장인의 고민이다. 그러나 나는 '어디에서 일하느냐'보다 중요한 것은 '무엇을 어떻게 일하느냐'라고 생각한다. 현재 나의 위치에서 내가 할 수 있는 최선을 다하자. 많은 경험을 하고 능력을 쌓다 보면 반드시 기회는 온다.

어느 공기업에서 신입사원 특강을 한 적이 있다. 치열하게 자기다움을 만들어가라고 말하는 내 강의를 듣고 한 신입사원이 나에게 메일을 보내왔다.

이번 특강 때 대표님의 강의를 들은 신입사원입니다. 워낙 바쁘시고 많은 분을 만나시기에 잘 기억하실지 모르겠으나 대표님께서 서 계신 기준으로 첫 번째 줄 오른쪽에서 두 번째 자리에 제가 앉아 있었습니다. 저는 신입사원 중 최연소입니다. 입사 전까지는 승리에 집착했던 저였던지라 이른바 명문고, 명문대를 졸업할 수 있었습니다.

그러나 그동안 너무 정신없이 달려오다 보니 힘이 좀 빠졌는지, 어리다는 핑계를 대고 싶었는지, 입사 순간부터 주체적으로 나아가고 앞길을 계획할 생각보다 '그저 하루하루 행복하게 보내자. 난 이제 조금 즐길 때다'라는 자세를 가지고 있었던 것 같습니다.

그러던 저에게 대표님의 강의는 입사 후 너무나 안일했던 저 스스로를 철저히 반성하는 계기가 되었습니다. 가르침을 메모해놓은 수첩은 다시 정리해 하나히나 곱씹어보고 있습니다. 너무 감사한 마음에 강의를 들은 후 처음으로 메일을 드렸습니다.

이제 고삐를 쥐고 당당한 사회인으로서 투지를 갖고 나가려고 합니다. 앞으로 큰 일, 또 더 큰 일을 해낼 수 있는 사람이 될 때까지 대표님의 책과 강의를 항상 가슴에 품고 지내겠습니다.

이 메일을 보고 '좀 놀아도 된다고 할걸. 너무 강하게 이야기했나'라는 반성을 하기도 했지만 이렇게 받아들여줬다면 내 강의가 결과적으로 좋은 영향을 미쳤다는 생각이 들었다. 이 메일은 나에게도 큰 용기가 되었고 다시 한 번 나를 되돌아보는 계기가 되었다. 이런 각오로 출발하는 신입사원이라면 그는 물론 그가 속한 기업의 미래도 기대가 된다.

직업과 관계없는
나만의 경쟁력을
만들어라

요즘 가장 인기 있는 직업이 학교 선생님이나 공무원이라고 한다. 이유는 여러 가지가 있겠지만 무엇보다도 오래 다닐 수 있고 퇴직 후에는 연금 등으로 노후 걱정을 안 해도 되기 때문이다. 반면 일반 직장에서 그럭저럭 근무하는 비전문직은 늘 불안하다. 혹시 출산 휴가라도 갔다 오면 자리가 없어지는 것은 아닌지 불안해한다. 전문직도 안전한 것만은 아니다. 비록 전문직이라고 하더라도 살아남기 위해 안간힘을 쏟아야 하는 것이 현실이다.

결국 어떤 상황에 있던 어떤 자세로 나의 유일성을 구축할 것인가가 중요하다. 흔들리지 않는 나만의 경쟁력을 어떻게 쌓아나갈 것인가? 나를 차별화하기 위해서는 정례적인 유일성 리부팅이 필요하다.

미국 건국 초기에 장래가 촉망받는 청년 장교가 한 명 있었다. 율리시스 그랜트라는 이름의 청년은 실력에 너무 자신이 있는 나머지 오만한 성품으로 과음과 도박을 일삼다 군대에서 쫓겨나고 말았다. 마을로 돌아가 평범한 농부가 되어 반성하며 살던 중 그는 미국에 전쟁이 일어나 일반 사병을 모집하는 것을 보고 다시 입대를 했다.

전직 장교임에도 다시 사병부터 시작해야 했지만 그는 겸손한 마음으로 최선을 다했다. 그는 차근차근 공적을 세워 다시 장교가 되었고, 더 나아가 장군이 되었다. 그 후 국방부 장관이 되었고 미국의 18대 대통령이 되었다.

군대에서 쫓겨난 일은 그에게 리부팅의 계기가 되었다. 목적과 방향성이 분명하더라도 주변의 유혹에 흔들릴 수 있다. 그는 유흥이 주는 즐거움에 취했지만 이후 농부 일을 하며 스스로를 되돌아보고 무엇이 잘못되었는지 깨달았다. 그 일이 어떤 장애물에도 흔들리지 않도록 마음을 단단히 하는 계기가 된 것이다. 그는 겸손한 마음으로 자신이 잘하는 일에 집중했고, 그것은 전혀 다른 결말을 만들었다.

지속적으로 성공한 사람들과 조직들의 비밀은 무엇일까. 꼴찌 하는 조직을 1등으로 이끄는 비밀은 무엇일까. 절망에서 희망으로 우리를 견인해주는 비결은 유일성 리부팅을 통해 자기 자신이나 조직을 끊임없이 혁신하는 것이다.

그러므로 비전문직이라고 불안해하기보다는 흔들리지 않는 나만의 경쟁력을 쌓는 리부팅을 해보라고 권하고 싶다. 전문직과 비전문직의 차이가 아니라 얼마나 자신의 강점을 드러내고 흔들림 없이 매사에 열정을 쏟는가가 중요하다. 숱한 기업의 일 잘하는 사람들을 만나면서 내가 발견한 그들의 공통점은 어떤 형태로건 부단히 공부한다는 것이다. 경영 아카데미, 명사 초청 특강, 독서 토론, 토요 강좌, 인터넷 특강 등 방법은 수없이 많다. 공부하는 것도 훌륭한데 더 훌륭한 것은 공부하는 것을 습관화했다는 사실이다. 사회심리학자이자 성과 전문가 로이 바우마이스터(Roy Baumeister)는 "어려운 과제를 해결하는 최고의 방법은 연습을 하나의 의식으로 습관화하는 것이다"라고 말했다. 미리 시간을 정해두고 그 시간 동안에는 아무런 방해도 받지 않고 하고자 하는 것을 한다. 그리고 그것을 자기만의 의식으로 만든다. 이런 방식을 통해 그들은 자신만의 가치, 자신만의 차별점을 쌓아가고 있었다.

지금 여기서
내가 할 수 있는 일

다른 사람을 부러워한다고 해서 그 사람의 인생을 살 수는 없다. 마찬가지로 내 인생이 힘들고 괴로워도 다른 사람이 내 인생을 대신 살아줄 수 없다. 내 인생을 책임지는 것은 나 자신밖에 없다. 나는 시련이 올 때면 나 자신에게 이렇게 되물으면서 버텨나간다.

1. 지금 하지 않으면 언제 할 것인가?
2. 여기서 하지 않으면 어디서 할 것인가?
3. 내가 직접 하지 않으면 누가 해주겠는가?

그렇다. 지금, 여기, 내가 중요하다. 지금 당장 내 상황과 환경에서 내가 할 수 있는 일을 찾아야 한다.

한 유대인이 이스라엘에서 살기가 힘들어 무작정 미국 뉴욕으로 이민을 갔다. 마침 유대인 회당에서 관리인을 모집한다는 소리를 듣고 회당으로 달려갔지만 그는 영어를 읽을 줄도, 쓸 줄도 몰랐다. 결과는 당연히 탈락이었다. 그는 취직을 포기하고 길거리에서 행상을 시작했다. 장사로 많은 돈을 번 그는 사업을 확장하기 위해 은행에 대출을 받으러 갔다. 그의 재산을 보고 흔쾌히 대출을 해주겠다며 은행원이 서류를 내밀었다. 사인을 하라는 것이었다. 그러나 그는 까막눈이었다. 놀란 은행원이 물었다.

"당신은 영어를 읽지도 쓰지도 못하면서 이렇게 큰 성공을 했군요. 만일 영어를 할 줄 알았다면 지금쯤 무엇이 되어 있을까요?"

그가 대답했다.

"내가 영어를 할 줄 알았다면 회당 관리인이 되었을 겁니다. 그걸 못하는 바람에 행상을 해서 이렇게 돈을 많이 벌었지요."

정반대의 경우도 있다. 금수저를 물고 태어났다는 부러움을 한 몸에 받았던 워런 버핏의 아들 피터 버핏(Peter Buffett)은 『당신의 인생은 당신이 만든다(Life Is What You Make It)』라는 책에서 이렇게 고백했다.

"원하기만 하면 무엇이든 가질 수 있는 것, 그것이야말로 언제든 너를 망칠 수 있는 위험한 것이었다. 그 유혹은 다양한 모습으로 내게 다가왔다. 사람들의 유혹은 내게 재난과 같았다."

스탠퍼드 대학에 진학한 피터는 자기 인생의 의미를 찾으려고 애썼다. 아버지처럼 뛰어난 투자가가 되는 길을 갈 수도 있다는 사실에 고무된 적도 있었지만 그 길이 가슴을 뛰게 하지 못한다는 것이 점점 분명해졌다. 그가 방황 끝에 찾은 답은 음악이었고 그는 영화음악 작곡가가 되었다.

피터는 "나는 부자 아빠를 둔 아들이 아니라 나 자신이 되기 위해 노력했고 스스로 인생의 의미와 가치를 성취하고 싶었다"고 말했다. 그리고 "인생의 의미는 돈이나 명성, 재물 같은 것에 있지 않고 내가 정말로 즐기고 사랑하는 것을 찾는 데 가치를 두는 것에 있음을 깨달았다"고 덧붙였다.

소위 말하는 금수저든 흙수저든 원하지 않는 일을 해야 할 상황은 있을 것이다. 그러나 어떤 환경에서도 자신이 원하는 일을 찾고 추진해나가는 것이 중요하다.

사람은 저마다 다른 환경에서, 다른 능력을 가지고 태어난다. 내가 선택한 것이 아니지만 바꿀 수도 없다. 시련에 처했다면 지금 내 상황은 내 힘으로 바꿀 수 있는 것이 아닐지도 모른다. 내가 유일하게 할 수 있는 것은 지금 여기서 내가 할 수 있는 일을 하는 것이다.

항상 걱정만 하고 불안해하면서도 아무것도 행하지 않는 사람이 많다. 지금 하는 일을 사랑하고 잘하기 위해서는 늘 배우고 실행해야 한다. 이것이 나다움을 만들기 위해 나를 리부팅하는 방법이다.

열정을 위해
의욕을
관리하라

아우슈비츠 수용소에 갇혔다 풀려나온 경험으로 '로고테라피'라는 정신의학 이론을 만든 빅토어 프랑클(Viktor Frankl) 박사는 새벽 세 시에 한 여자의 전화를 받았다. 무슨 일로 전화했냐고 묻자 여자가 말했다.

"저도 제가 왜 전화를 걸었는지 모르겠어요. 지금 자살하려고 약을 먹으려던 찰나에 기사에서 본 박사님의 글이 생각나서 저도 모르게 전화를 걸고 말았어요."

박사는 여자의 자살을 막기 위해 필사적으로 설득하기 시작했다. 열변을 토하다 보니 어느새 동이 텄고 박사는 여자와 약속을 잡아 지속적으로 상담을 했다. 그리고 그녀는 마침내 열심히 살아보기로 마음을 고쳐먹었다.

이 소식이 알려지자 사람들은 여자를 설득한 박사의 비법에 대해 궁금해 했다. 박사의 어떤 말을 듣고 마음이 움직였냐고 묻자 여자는 이렇게 대답했다.

"솔직히 그때 박사님의 말은 잘 기억나지 않아요. 그러나 어떻게 든 저를 살리려고 하는 박사님의 열정이 제 마음을 움직였어요."

박사의 비결은 재능이 아니라 열정이었던 셈이다.

우리 삶에서 큰 격차를 내는 것은 사실은 재능이 아니라 열정일 때가 많다. 전쟁은 이기겠다는 마음가짐에서 승패가 갈린다. 아무리 고성능 무기를 갖고 있더라도 목숨을 내놓고 싸우겠다는 조직을 이길 수는 없다. 설령 전쟁에서 이기더라도 그들의 마인드는 돌릴 수 없다. 성공을 보장하는 것은 능력보다 반드시 이기겠다는 열정과 의지다.

재능과 열정이 둘 다 있으면 더할 나위 없겠지만 재능이 좀 부족해도 괜찮다. 재능 있는 사람을 찾아서 함께 일하면 되기 때문이다. 그러나 열정이 없으면 안 된다. 열정은 남이 채워줄 수도 불어 넣어줄 수도 없다. 또한 재능은 상황에 따라 흔들릴 수 있다. 스포츠 경기만 봐도 재능 있는 선수가 컨디션이나 주변 여건에 따라 슬럼프에 빠지는 경우가 있다. 그러나 열정이 강하면 쉽게 흔들리지 않는다.

열정은 사랑에서 비롯된다. 내가 하는 일을 사랑하고 즐겨야 한다. 진정한 프로는 역경을 겁내지 않는다. 다만 일을 사랑하는 마음이 식을까 봐 날마다 열정을 불어넣는다.

나는 회사를 그만두고 대표가 되어 직접 경영해보고 나서야 비로소 이것이 월급쟁이와 기업가의 차이임을 알게 되었다. "당신은 왜 일하는가?"라는 질문에 "이 일이 좋아서"라고 대답할 수 없다면 성공은 당신 몫이 아니다. 억지로 하는 일에는 열정이 없고, 열정 없는 일에 성공이란 과실은 절대 열리지 않는다.

의욕이 과욕이 되지 않도록

MIT를 거쳐 고베대 경영대학원 교수로 30년간 인간의 의욕과 리더십 연구를 해온 가나이 도시히로는 『미치도록 하고 싶다』라는 책에서 열정을 끌어내기 위해 가장 중요한 것은 의욕이며, 의욕은 '자극'하는 것이 아니라 '관리'하는 것이라고 말한다. 일시적으로 의욕을 자극하는 것은 한순간일 뿐이다.

"지친 현대인들에게 진정 필요한 것은 자신이 원할 때, 자신에게 필요한 순간 의욕을 관리할 수 있게 하는 것이다."

치열한 조직생활이나 경쟁에서 당신은 어떤 존재로 남고 싶은가. 유일성의 리부팅은 의욕을 관리하는 방법이다. 잠시 멈춰서 나 자신에게 집중해보자. 내가 왜 이 일을 하고 있는지, 나는 어떤 사람인지, 또 어떤 사람이 되고 싶은지를 생각해보자.

이때 나만의 버팀목을 만드는 것이 도움이 된다. 인생은 이치에 맞지 않게 돌아가지 않는 경우가 더 많다. 인생은 롤러코스터처럼 우여곡절의 연속이다. 그 속에서 흔들리지 않고 나로 있기 위해서는 버팀목이 필요하다.

당신 인생의 버팀목은 무엇인가? 그것은 사랑일 수도, 꿈일 수도, 가족일 수도 있다. 그것은 어떤 시련이나 환경의 변화에도 당신이 흔들리지 않게 잡아줄 것이다. 그리고 어떤 불편함이나 스트레스도 이겨낼 수 있는 힘이 될 것이다. 고통과 슬픔을 많이 맛볼수록 성장하는 것만은 분명하다. 길을 잃거나 좌절할수록 사람은 단단해진다.

많은 사람이 열정이나 의욕을 과욕이나 욕망으로 착각한다. 그러나 감정적이거나 즉흥적이 되지 않도록 시치미 뚝 떼고 끓어오르는 의욕을 다스리는 능력을 기르는 중요하다. 때론 기분 내키는 대로 의욕을 과시하기보다 내 뜻이 관철될 때까지 절제하고 통제하는 것이 필요하다. 긴 인생을 흔들림 없이 살아가려면 차분하고 잘 관리된 의욕이 필요하다. 이렇게 리부팅을 반복하면서, 잠시 멈출지언정 흔들리지 않고 앞으로 나아가는 것이다. 성공하고 싶은 당신, 이제는 의욕 관리의 달인이 되어라.

우리는 분명히 '나'라는 존재로 살아가면서도 '나다움'을 잃고 그저 군중 속의 하나로 살아갈 때가 많다. 사람들이 원하는 걸 내가 원한다고 착각하고, 사람들이 보는 내가 진짜 나라고 믿기도 한다. 이처럼 삶에서 나다움을 잃어버리면 자존감을 잃게 되고 사는 게 힘들어진다.

나다운 것이 무엇인지를 끊임없이 묻자. 그리고 그것을 추구하며 살아가자. 그러면 나다움은 내가 일하는 철학이 되고 내 삶의 철학이 된다. 나다운 것을 찾을 때 내가 말하고 행동하는 모든 것은 일관되고 조화로워진다.

월마트의 창업자 샘 월튼(Samuel Moore Walton)은 '근면'과 '성실'을 중시하는 사람이었다. 그는 50센트를 절약하기 위해 남이 읽은 신문을 주워 읽었고 비행기 일등석을 이용한 것은 딱 한 번, 아프리카를 방문했을 때였다고 한다. 그러나 소외된 이웃을 위해서는 선뜻 거액을 내놓았다.

사업을 할 때도 그는 정말 그다웠다. 그는 권력의 유혹에 이끌리는 대신 월마트의 직원들을 진심으로 예우했으며 비행기 조종 기술을 배워 직접 경비행기를 몰고 전국의 점포를 방문하며 직원들을 격려했다. 그는 가정과 직장을 우선시했다. 또한 자신의 점포에서 모든 물건을 구입해 주위 사람들에게 품질의 우수성을 자랑했다.

사람들은 성공하기 위해서는 내가 아닌 다른 누구를 연기해야 한다고 생각한다. 편법을 쓰거나 양심에 거슬리는 행동이 나답지 않다고 생각해 거부하면 세상물정 모른다고 혀를 찰지도 모른다. 그러나 샘 월튼은 나다운 것을 사업에서도 일관되게 지켜나갔고, 성공했다.

많은 사람이 자기 자신보다 다른 사람에게 더 관심을 갖는다. 자신의 잘못은 잘 보지 못하면서 다른 사람의 잘못은 기가 막히게 잡아낸다. 그러나 나다움을 찾으려면 무엇보다 자기 자신에게 솔직해져야 한다. 누구나 악한 면을 갖고 있고, 그것을 알아야 악한 면을 다스릴 수 있다. 그러므로 자신 안에 어떤 악이 있는지 살펴볼 필요가 있다. 자신을 돌아보며 악의 목록을 작성해보라. 그러면 자신 안에 가득한 악을 발견할 수 있을 것이다.

'나는 게으르다, 종종 거짓말을 한다, 교만하다, 없는 것을 있는 체한다, 잘못한 것을 묵인한다, 남이 잘되면 시기할 때가 많다, 순간적 쾌락에 마음이 흔들린다, 나의 기준으로 다른 사람을 함부로 판단한다, 절제하지 못한다….'

이렇게 자신의 잘못이나 단점을 기록해보면 한 페이지로는 부족할지도 모른다. 누구나 다른 것은 잘 보면서 자신의 모습은 제대로 보지 못하는 어리석음을 가지고 있다. 중요한 것은, 옳고 그름에 대한 판단이 내 안에 항상 있어야 한다는 점이다. 자신에 대해 질문이 없는 사람은 성숙할 수 없다. 나는 오랫동안 학생들을 가르치면서 가장 중요한 것은 질문하는 것이라고 항상 말해왔다. 질문하지 않으면 대답을 얻을 수 없다. '나다움'을 디자인하려면 나다움이 무엇인지 묻는 것을 체질화해야 한다.

한 가지 더 당부하자면, 묻는 것에 그쳐서도 안 된다. 질문을 하고 답을 찾아나가는 노력을 해야 한다. 그러면 자신이 가진 것과 버려야 할 것을 알 수 있을 것이다. 버릴 것은 버리고 가진 것을 발전시켜나가자. 그런 과정에서 미처 몰랐지만 나만이 가진 유일성을 발견할 것이다.

6단계

도약하기
: 행동 리부팅

할 수 없을 것 같은 일을 하라.

실패하라. 그리고 다시 도전하라.

이번에는 더 잘해보라.

넘어져 본 적이 없는 사람은

단지 위험을 감수해 본 적이 없는

사람일 뿐이다.

이제 여러분 차례다.

이 순간을 자신의 것으로 만들라.

_오프라 윈프리

변화와
도약을 위한
행동

리부팅은 변화를 이끌어내는 도구다. 매너리즘에 빠지거나 난관에 봉착했을 때 리부팅을 통해 변화를 만들어낼 수 있다. 예를 들어보자. 펩시는 코카콜라보다 맛이 좋다는 평가를 받았음에도 불구하고 만년 2등이었다. 그러다 펩시는 탄산음료 시장에 대한 의존도를 낮추고 게토레이, 트로피카나 등 비탄산 브랜드에 주력하면서 2005년 12월에 112년 만에 1위에 등극했다. 또한 사우스웨스트 항공사는 1971년 6월, 보잉 737기 3대로 설립될 당시 그 누구도 성공하리라 예상하지 못했다. 그런데 사우스웨스트는 가급적 많은 노선에 취항하고자 하는 다른 항공사들과 달리 주로 이익이 많이 나는 노선에만 선택적으로 취항했다. 또 항공료 인상 요인이 될 수 있는 기내식

서비스를 과감하게 제외했다. 그 결과 짧은 시간에 미국의 4대 항공사로 성장했다.

이들 기업은 난관에 봉착했거나 불리한 위치에 있을 때 그것을 디딤대로 삼고 힘껏 점프했다. 고심해서 전략을 세우고 나면 우물쭈물할 필요는 없다. 이것은 개인의 경우에도 마찬가지로 적용된다.

지금까지 우리는 리부팅의 다섯 단계를 거쳤다. 멈췄다 숨을 고르고 다시 시작하는 이 모든 과정은 삶의 고난이나 권태를 이겨내기 위한 것이기도 하지만, 이것을 통해 우리가 궁극적으로 얻으려는 것은 또 다른 도약이다. 그래서 마지막 단계는 바로 '도약하기'다.

누구나 한 번쯤 시작이라는 것을 경험해보았기에 '시작은 쉽고 성공은 어렵다'는 말을 어느 정도는 공감하고 이해할 수 있을 것이다. 결심이 서는 데는 오랜 시간이 걸릴지라도 시작은 쉽게 할 수 있다. 그러나 한번 시작한 일을 끝까지 가져가고 참아내고 단련해서 성공으로 이끌어가는 것은 쉽지 않다. 계속해서 성장하고 일관되게 잘해내며 부단히 도약하기란 결코 쉽지 않지만 불가능한 일도 아니다. 잠시 멈춤과 숨고르기를 통한 리부팅으로 더 높은 도약과 성장을 만들어낼 수 있다.

도약하기 위해서는 행동해야 한다. 지금까지가 우리를 막아 선 장해물을 뛰어넘기 위한 준비과정, 즉 도움닫기였다면 6단계에서는 힘차게 뛰어올라야 한다. 그 행동을 이끌어내는 것이 바로 '행동 리부팅'이다. 리부팅의 성패는 행동 리부팅을 얼마나 잘하느냐에 달려 있다고 해도 과언이 아니다. '구슬이 서 말이라도 꿰어야 보배'라는 말이 있듯이 멈추어 사유하고 선택하고 결정했다면 거침없이 행동해서 끈질기게 붙들고 늘어져야 한다. 더 높은 도약과 성장을 위해 행동하는 리부팅을 습관화하고 체질화해야 우리는 또 한 번 성장할 수 있다.

똑같이 행동하면
똑같은 결과만 나온다

행동 리부팅에서 핵심은 이제까지의 행동을 돌아보고 멈추어 서서 잘못된 행동을 고치는 것이다. 스위치를 끄듯이 잘못된 행동을 끊고, 목적을 이루기 위해 바꾸어야 할 행동을 설정해서 새롭게 시작하는 것이다. 즉, 행동의 획기적인 변화를 끌어내야 한다.

어떤 변화가 이루어지기 위해서는 충격이 필요하다. 액체는 열을 가해야 기체로 변하고 유리컵도 충격을 가해야 깨진다. 마찬가지로 어떤 목적을 이루기 위해서는 행동의 변화가 수반되어야 한다. 하던 대로 하고, 살던 대로 살면서 변화를 바랄 순 없다. 늘 고만고만한 성과만 나는 것은 관행적인 행동 때문이다. 따라서 행동을 획기적으로 변화시켜야만 획기적인 목표에 도달할 수가 있다. 행동 리부팅

없이는 큰 목표에 도달할 수가 없고 더 큰 도약을 이룰 수도 없다.

위기를 기회로 삼으려면 비용을 줄일 수 있는 체계적인 방법을 연구해야 한다. 여러 가지 중에 힘든 선택을 해야 하며 근본적 변화를 시도하고 타성을 버려야 한다. 특히 활동적 타성(active inertia)에 젖는 것은 위험하다. 활동적 타성이란 변화를 무시하고 과거의 발자취나 성공 방식을 그대로 답습하려는 경향이다. 개인이나 기업이 딜레마에 빠지는 것은 대부분 이 때문이다.

행동 리부팅을 통해 똑같이 흘러가는 생활에 충격을 가해보자. 리부팅의 과정에서 우리는 변화한다. 생각이 먼저 변하고, 생각이 변하면 태도와 행동과 습관이 변한다. 목적과 방향이 재조명되면서 우리가 꾸는 꿈과 비전도 변한다. 그리고 드디어 변화의 물이 끓어오르려고 하는 시점이 되면 행동해야 한다. 새롭게 변한 나를 일상에 적용하는 것이다. 이렇게 하면 위기는 기회가 된다.

지금부터 행동 리부팅을 시작해보자. 행동 리부팅은 다음 네 가지 단계로 진행한다.

불필요한 것을 없앤다(제거하기)

변화가 현실화되기 위해서는 불필요한 것을 가려낼 줄 알아야 한다. 우리는 진짜 필요하지도 않으면서 불필요한 것들을 너무나 많이 붙들고 살아간다. 불필요한 것을 너무 많이 안고 있기 때문에 정작 필요한 것을 놓치는 경우가 허다하다. 고속도로 톨게이트의 하이패스는 요금을 내느라 지체되는 자동차의 속도를 높이는 데 크게 기여했다. 사람이 하던 요금 징수 방법을 제거하고 기계가 자동으로 처리하는 시스템을 도입해서 속도에 경이적인 변화를 이루어낸 것이다. 이처럼 우리 삶에 굳이 없어도 되는 것들이 관행과 관습이라는 이름으로 변화의 발목을 잡고 있지는 않은지 살펴볼 일이다. 더 큰 도약과 성공을 위해서는 불필요한 것들을 과감하게 도려내서 없애는 용기가 필요하다.

정말 중요한 것을 보강한다(강화하기)

행동을 변화시켜나갈 때는 본질에 가장 근접한 것을 강화하는 방향으로 해야 한다. 예컨대 음식점에서 가장 큰 본질은 맛과 건강일 것이다. 그러므로 인공 조미료를 사용하지 않고도 맛있는 음식을 만들어내는 행동을 만들어가는 것이 중요하다. 그런 방향으로 보강하는 행동 리부팅을 해나가는 것이다.

일본의 '오레노'라는 레스토랑은 최고급 호텔급 셰프가 요리하고 최고의 식자재를 사용하지만 요리 가격은 1만 원 정도다. 가격에서 음식의 원가 비중이 다른 레스토랑은 30퍼센트 정도인 데 반해 오레노는 60퍼센트다. 특급 식자재로 고급 요리를 선보여서 맛과 건강이라는 핵심을 강화하면서도, 가격을 낮춰 회전율을 높여서 큰 성공을 거두고 있다. 다른 고급 레스토랑이 하루에 1회전 정도라면 오레노는 평균 3.5회전으로 회전율이 높다. 이처럼 정말 중요한 것, 핵심을 보강하는 것(강화하기)이 중요하다.

이것저것 섞는다(믹스하기)

행동 리부팅은 필요를 채워주는 방향으로 진행해야 한다. 우리의 시간은 한정되어 있기 때문에 동시에 할 수 있는 것은 최대한 믹스해야 한다. 나의 변화에 필요한 행동을 섞어서 행동 계획을 세워보자. 예를 들면 운동을 시작해야 하고 중국어 공부도 해야 한다고 해보자. 그러면 '하루 30분 실내자전거를 타며 중국어 단어를 외운다'는 계획을 세울 수 있다.

기업의 경우에는 고객의 니즈를 채우는 방향으로 믹스할 수 있다. 예를 들어 스타벅스는 이제 커피만이 아니라 고객이 원하는 모든 것을 제공하기 위해 샐러드나 빵도 판매한다. 스마트폰에 MP3, 카메라 등 여러 기능이 들어가는 것 또한 고객의 필요가 있기 때문이다. 고객의 필요를 채워주기 위해 여러 가지를 섞어서 솔루션을 제공하는 것이다. 그 결과 스마트폰 하나만 있으면 일상의 여러 가지를 해결할 수 있게 되었다. 믹스하기는 변화를 위한 주요한 방법이다.

특정 활동을 표준화한다(단순화하기)

행동 리부팅은 실행력이 관건이기 때문에 단순화에 초점을 맞춘다. 가장 좋은 방법은 최대한 부담 없는 방식으로 생활 패턴에 녹여내는 것이다. 예를 들면 '하루에 30분간 운동하기'라는 활동의 표준을 만든다. 그것을 표준으로 삼아서 그날의 컨디션이나 스케줄에 따라 융통성 있게 실행한다. 그러면 어떤 날은 걸어서 출근을 하고 어떤 날은 헬스장에 가는 식으로 자연스럽게 행동 리부팅이 일어나게 된다. 행동 계획이 복잡하거나 고정적이면 작심삼일이 되기 쉽고 행동을 바꾸기가 어려워진다. 이는 업무에서도 마찬가지다. 반면 단순한 것을 표준으로 설정하면 행동이 획기적으로 바뀌게 된다.

일본의 중고품 체인점인 '북오프'는 헌책방으로 시작해 문화 전반에 걸친 중고품을 취급하는 대형 업체가 되었다. 북오프는 '10퍼센트의 가격에 구매해서 50퍼센트의 가격으로 판매한다'는 활동 표준으로 중고 거래에 단순화를 가져옴으로써 서점의 변화를 주도했다. 이후 중고품 거래 시장이 성장하자 다른 물건에도 이 활동 표준을 적용했고 일본의 대표적인 중고 거래 체인점으로 자리 잡게 되었다. 이처럼 표준화와 유연성은 변화를 이끌어가는 리부팅의 기준이 된다.

도약에는
끈기라는 대가가
요구된다

솔개는 40년 정도를 살면 날개도 터부룩하게 무거워지고 부리도 둔해진다. 그 부리가 크게 자라서 가슴까지 닿게 되고 발톱도 그리 날카롭지 않을 정도로 뭉툭해져서 생존의 위기를 맞이한다. 이때 솔개는 두 가지 중 하나를 선택해야 한다. 하나는 그냥 늙어서 쓸쓸하게 죽는 길이고, 다른 하나는 다시 새로운 존재로 거듭나서 멋지게 사는 일이다.

새로운 삶을 선택한 솔개는 부리로 바위를 쪼아서 자신의 부리를 전부 깨뜨려 새로운 부리가 나게 한다. 예리하고 멋진 부리가 나오면 그다음에는 자신의 발톱을 하나씩 뽑아낸다. 피가 나고 살이 찢어지는 고통이 오지만 그것을 참고 솔개는 그 발톱을 남김없이 모두 부리로 쪼아서 뽑아낸다. 그러면 날카롭고 깨끗한 발톱이 생긴다.

마지막 작업은 부리로 깃털을 한 개씩 뽑아내는 일이다. 발톱을 뽑는 일에 비하면 깃털을 제거하는 일은 식은 죽 먹기다. 깃털이 뽑힌 자리에는 새로운 깃털이 다시 돋아난다. 그렇게 약 6개월이 지나면 그 솔개는 노인이 아니라 세련되고 멋진 청년 솔개로 다시 태어난다. 새롭게 변신한 솔개는 30년 정도를 더 살게 된다.

이 솔개 이야기는 정광호 대표가 한 신문사에 기고한 '우화경영'에 나오는 내용으로, 경영계에서 '개혁' '혁신' 등의 교훈으로 자주 사용된다. 실제로 솔개가 환골탈태를 하지는 않지만 사실 여부를 떠나 이 우화가 많은 사람들에게 언급되는 이유는 그만큼 솔개 우화가 시사하는 바가 크기 때문이다. 솔개 우화 속 일생은 마치 우리네 인생사와 같다. 사람이 80세까지 산다고 가정하면 50~60대에 직장에서 은퇴하고 나면 앞으로도 살아야 할 시간이 30년 정도 남는 셈이다. 더군다나 100세 시대라고 하니, 솔개처럼 갈림길에 설 순간을 우리 모두 예상하고 대비해야 할 것 같다. 꼭 정년퇴임하는 시기가 아니더라도 살면서 어떤 벽에 부딪혔을 때 선택의 기로에 서게 된다. 그냥 이대로 죽지 못해 살 것인가, 아니면 다시 거듭날 것인가.

후자를 택한다면 거기에는 반드시 대가가 수반된다. 그 대가는 '끈기'다. 고통을 참으면서 발톱을 하나씩 뽑아내고 깃털 하나하나를 뽑아내는 솔개처럼 지난한 과정을 끈기로 버텨야 한다.

사람들은 흔히 지식을 쌓아 유능하고 경쟁력 있는 리더가 될 수 있다고 믿는다. 그러나 지식이 많다고 모두 유능하고 경쟁력 있는 리더가 되는 것은 아니다. 유능하고 경쟁력이 있는 리더가 되는 데 없어서는 안 될 항목은 바로 끈기다.

이처럼 도약은 끈기라는 대가를 요구한다. 포기하고 싶을 때마다 리부팅을 통해 새로 태어나도록 반복의 사이클을 만들어야 한다. 이를 끈질기게 실행해나가면 반드시 성공할 수 있다.

끈질기게 실행하라

나는 도심에서 8킬로미터나 더 들어가는 24가구의 작은 농촌마을에서 자랐다. 고등학교 2학년이 되어서야 마을에 전깃불이 들어왔으니 얼마나 시골이었는지 짐작할 수 있을 것이다. 아버지는 말단 공직에 있었고 어머니는 농사일로 식구들의 생계를 꾸렸다.

나는 어린 마음에 가난하고 힘든 농촌 환경을 불평하곤 했다. 그런 나를 보고 어머니는 "꿈이 있는 사람은 망하지 않는다. 꿈을 가진 사람은 어떤 환경이라도 뛰어넘으며 끝까지 참고 해낸다"라고 말했다. 또 어머니는 꿈을 이루려면 세 가지가 필요하다고 말했다. 첫째 꿈이 반드시 이루어진다는 확고한 믿음, 둘째 어떤 어려움에도 흔들리지 않는 마음가짐, 그리고 셋째 하루하루 실천하는 끈질긴 실행이라고 했다. 그런데 내 꿈이 달성되기를 간절히 소망했던 어머니는 내가 대학교 1학년 때 49세의 젊은 나이로 소천했다.

나는 너무나 큰 충격에 방황했다. 그러나 나를 다시 잡아준 것은 어머니와 약속한 꿈이었다. 내 옆에서 아직도 "꿈을 꾸는 자는 망하지 않는다"고 격려해주는 것 같았다. 40년이 지난 지금 어린 시절의 꿈을 대부분 이루었다. 운이 좋기도 했지만 만약 내게 꿈이 없었다면 나 스스로 불우한 환경에 매몰되었을 것이다.

여러분의 꿈은 무엇이며 어떤 노력을 하고 있는가? 아무리 원대한 꿈을 꾸더라도 그것을 이루기 위해서 끈질기게 실행하지 않으면 꿈은 말 그대로 꿈으로 끝난다. 한 번 정한 목표를 달성하기 위해서는 끈질기게 실행해나가야 한다.

미국 맥아더 재단의 천재상을 수여한 앤절라 더크워스는 그의 저서 『그릿』에서 웨스트포인트에 있는 육군사관학교에 입학한 학생들을 연구하면서 끈기가 얼마나 중요한가를 일깨워주었다.

미 육군사관학교인 웨스트포인트의 입학 전형은 몹시 엄격하다. 아주 높은 SAT 점수와 뛰어난 고등학교 성적은 필수다. 추천서는 물론 체력 평가에서도 최고점을 받아야 한다.

놀라운 사실은 11대 1의 경쟁률을 뚫고 합격한 학생들인데도 5명 중 한 명은 졸업 전에, 그것도 대부분 입학하고 7주 내에 중퇴한다는 것이다.

이곳에 입학하려고 2년 동안 준비한 학교를 2개월도 채 다니지 않고 그만둔다는 말인가? 훈련 도중에 포기하는 신병들을 살펴보니 그 이유가 능력이 부족해서인 경우는 드물었다. 오히려 절대 포기하지 않는 태도를 가진 학생들이 끝까지 남았다. 마지막까지 살아남는 데 위기 대처능력과 재능은 아무 상관이 없다는 놀라운 사실을 이 실험을 통해 확인할 수 있다.

일에서 협상을 할 때도 마찬가지다. 협상의 전제는 쉽게 포기하지 않는 것이다. 당신이 조직을 위해 반드시 필요하고 올바른 일이라 생각한다면 당신의 자리를 걸어야 하는 위험이 따르더라도 미래를 위해 적극적으로 협상에 나서야 한다.

나는 협상학을 제대로 배우지는 않았다. 그러나 협상과 상담에서 제일 중요한 한 가지 원칙이 있다면 바로 끈질김이라고 생각한다. 그 끈질김은 시간만 기다리는 심리적 게임의 끈질김이 아니라 옳다고 생각한 일이라면 아무도 알아주지 않더라도 끝까지 밀어붙이는 끈질김이다.

그렇다면 끝까지 해내는 힘은 어디서 오는 걸까? 그것은 꿈을 품은 사람만이 가질 수 있는 것이다. 미 육군사관학교 신입 생도들에게서도 꿈이 강렬할수록 어려움을 견뎌내는 힘, 끈기가 더욱 강하게 작동됨을 알 수 있었다고 한다. 미래는 꿈을 포기하지 않고 끈질기게 도전하는 사람의 것이다. 가난보다 더 무서운 것이 꿈이 없다는 것이라는 것을 나는 어린 시절을 통해 깨달았다. 왜냐하면 꿈이 없으면 미래도 희망도 없기 때문이다. 그리고 끈기는 결코 사람을 배신하지 않는다.

싫어하는 일을
가장 먼저
해치워라

학창 시절 공부를 하기 전에 책상 정리부터 해본 경험이 있는가. 몇 시간 동안 책상 정리만 하다가 지쳐서 결국 공부를 제대로 하지 않고선 '그래도 책상 정리를 했으니까'라고 생각한다. 정말 해야 할 일은 공부지만, 공부를 하기 싫으니 더 쉬운 책상 정리로 얼버무리고 만다.

　일할 때도 마찬가지다. 사람마다 취약한 분야가 있다. 어떤 사람은 연락하는 것을 두려워하고, 어떤 사람은 보고하는 것을 두려워한다. 이런 경우 해야 할 일이 몇 가지 있을 때, 두려운 일을 가장 마지막까지 미룬다. 꼭 지금 하지 않아도 되는 일을 먼저 하면서까지 뒤로 미루는 경우도 종종 있다. 또 어떤 경우에는 출근해서 일을 바로 시작하지 못하고 쓸데없는 일로 한참 시간을 때우다 일을 시작하기도 한다.

그러나 최고의 성과를 내는 사람들은 골치 아프고 힘들고 어려운 일을 먼저 한다. 특히 에너지가 가장 넘치며 집중력이 최고조에 이르는 오전에는 방해받지 않고 집중할 수 있기 때문에 많은 일을 처리한다. 아침 시간을 놓치면 쉬운 일도 어려워진다. 여러분은 어려운 일을 습관적으로 뒤로 미루고 있지는 않은가? 진정한 프로는 어려운 일부터 먼저 하는 것이 체질화되어 있다.

두려움은 외면할수록 자라난다

목표는 달성하기 위해 존재하는 것이고, 목표를 달성하기 위해 필요한 것은 먼저 시도하는 것이다. 어려운 일이라도 무조건 부딪쳐 보아야 한다. 미루다 보면 내 안의 두려움이 점점 자라나 더더욱 하기 싫어진다. 그러면 본래 내가 싫어하던 것보다 몇 배는 더 하기 힘들어진다. 전장에 나간 장수의 마음으로 눈 딱 감고 가장 하기 싫은 일부터 해치우자. 벽이 높은 것 같아도 실제 부딪쳐보면 의외로 쉽게 넘을 수 있을지도 모른다.

만약 조직의 리더라면 부딪쳐보는 데도 앞장서야 한다. 리더십의 요체는 솔선수범이다. 더 나은 사람이 되기 위해서는 자기 자신과의 싸움에서 이겨야 한다.

매일 저녁 '내일 할 일 리스트'를 작성해보자. 이때 가장 어려운 일부터 순서대로 적는다. 그리고 아침에 일찍 일어나 리스트를 하나씩 지워나가는 것이다. 이렇게 하면 중요하지도 않은 쉬운 일들로 시간을 낭비하는 일을 막을 수 있다. 이것을 습관화하면 언젠가 큰 도약과 성취로 이어질 것이다.

실행에는
의지가
필요하다

어느 날 한 여대생이 연구소로 찾아왔다. 명문대에 다니는 데다 가정도 유복해서 남부러울 것이 없어 보였다. 그러나 그녀에게 고민이 하나 있었는데 그것은 바로 비만이었다. 공부만 하다 보니 운동량이 부족했고, 스트레스를 먹는 것으로 풀다 보니 자신도 모르는 사이에 고도비만이 되어버렸다.

그녀는 나에게 조언을 구했다. 이렇게 하면 폭식하는 습관을 고칠 수 있을지, 먹고 싶은 욕망을 참을 수 있는 힘이 무엇인지를 알고 싶다고 했다. 나는 "본인이 알고 있는 습관은 오히려 고치기가 쉽다"라고 말하면서 두 가지를 주문했다.

첫째는 '스트레스가 쌓이면 즉시 하던 일을 멈추고 환경을 바꾼다'였다. 자리를 옮기는 것은 쉽다. 환경이 바뀌었다고 느낄 수 있도록 가급적 큰 변화가 필요하다. 예컨대 실내에서 실외로, 공부하는 것에서 음악을 듣는 것으로, 아니면 자연을 보는 것으로 바꾼다. 방 안에서 공부하고 있었다면 독서실로 옮겨서 공부를 하든지, 산책을 하든지 환경을 바로 변화시켜야 한다. 환경이 바뀌면 일단 지금까지의 습관에서 벗어날 수가 있다.

둘째는 '치열한 만큼 살이 빠진다는 사실을 인식해야 한다'였다. 조바심은 금물이다. 살을 빼기로 작정한 지 며칠 지나지도 않아서 살이 안 빠진다고 쉽게 단념하면 살빼기는 고사하고 그 무엇도 이루어낼 수 없다. 아무런 노력과 땀도 없이 쉽게 얻는 것은 쉽게 무너진다는 것을 알아야 한다. 그만큼 정성과 열정, 공을 들여야 한다. 그러니 적게 먹고 운동하는 평범한 원칙을 즐기면서 실행해나가라고 이야기했다.

3개월이 지난 후 그녀가 다이어트에 성공했다며 내 연구실로 찾아왔다. 정말 몰라보게 살이 빠져 있었다. 자신감과 밝은 웃음, 어느 것 하나 예전 같지 않았다. 성공한 자만이 가질 수 있는 당당함을 느낄 수 있었다. 너무나 기뻤다. 다이어트를 하면서 왜 힘들지 않았겠는가. 하지만 그녀는 끝까지 해내겠다는 강한 의지로 다 이겨낼 수 있었다고 했다.

싫은 것이 아니라 두려운 것이다

직장생활이나 사업에서 3년 차 정도 되면 업무와 조직을 아주 잘 아는 것처럼 이야기한다. 특히 부정적인 면을 이야기할 때 더욱 그렇다. 그러나 어떤 조직이나 비즈니스에서 적어도 5년 이상을 지내보지 않았으면 안다고 이야기해서는 안 된다. 3년 차 정도 되면 이제 막 그 분야에 전문성을 갖추려는 단계다. 오히려 오랫동안 일한 사람들은 하면 할수록 잘 모르겠다고 말한다. 여기 기웃, 저기 기웃 하는 사람일수록 한 우물을 파보지도 않고 마치 다 아는 것처럼 이야기해 스스로 딜레마에 빠지게 된다.

누구나 목표는 잘 세운다. 목표를 달성해 성공하고 싶어 한다. 굳센 마음은 거기까지다. 조그만 난관이 가로막으면 금세 마음이 약해지고 만다. 온갖 유혹의 목소리에 귀를 기울이고 악성 루머에 신경이 곤두선다. 어떤 일이 있어도 목표를 달성하겠다는 초심은 어디론가 사라지고 없다. 남은 것은 핑계를 찾는 것이다. 그리고 누구도 묻지 않는데 이렇게 결론을 내린다.

"나는 할 만큼 했어. 하지만 이 일이 적성에 안 맞는다는 걸 이제 깨달았어."

그러고는 곧 다른 목표를 세운다. 하지만 또 다른 목표 역시 적성에 맞을 가능성은 희박해 보인다. 목표를 달성하지 못했을 때 '적성에 맞지 않는다'는 것만큼 좋은 핑계도 없을 것이다.

사람들은 "두렵다"고 해야 할 때 "싫다"고 말하는 경향이 있다. 일종의 자기 합리화다. 누구나 두려움이라는 약한 마음을 드러내기를 꺼린다. 목표를 달성하지 못했을 때 목표가 두려웠다고 솔직하게 말하는 것은 쉬운 일이 아니다. 목표를 달성하기 싫었다거나 목표가 적성에 맞지 않았다고 하면 목표 달성에 대한 두려움을 감출 수 있다고 믿는다. 하지만 달라지는 것은 아무것도 없다. 무슨 핑계를 대더라도 목표를 달성하지 못한 결과는 똑같다. 핑계를 찾느라 기운 빼느니 목표를 향해 정면 돌파하는 데 에너지를 집중하는 게 낫지 않은가.

　우왕좌왕할 필요가 없다. 많은 문제 중에 어느 것이 중요한지 우선순위를 정해서 공략하자. 핵심은 먼저 시도하는 것이다. 무조건 부딪쳐보아야 한다. 벽이 높은 것 같아도 실제 부딪쳐보면 의외로 쉽게 넘을 수 있다. 더 나은 사람이 되기 위해서는 자기 자신과의 싸움에서 이겨야 한다.

여러분의 마음은 아직도 처음처럼 강직한가. 청운의 꿈을 품고 입사할 때, 희망에 부풀어 창업하던 때를 당신은 기억하고 있는가. 그때의 열정이 식지 않았는가. 강직한 마음으로 초지일관하는 태도는 우리를 유혹과 위협의 늪에서 건져줄 것이다. 넘어질 때마다 재기할 용기를 줄 것이다. 고난에 처해도 포기하지 않고 목적지로 걸어가기 위해서는 투지가 필요하다. 투지는 우리를 목적지로 인도하는 지름길이다.

일본에서 '경영의 신'으로 불리는 기업인 마쓰시타 고노스케는 이렇게 말했다. "우리 회사는 반드시 목표를 달성합니다. 될 때까지 하기 때문이지요."

미련한 것처럼 보여도 끝까지 포기해서는 안 된다. 원래 버티는 사람이 이기는 법이다. 조직 안에서도 투지가 필요하다. 혁신의 진짜 적은 혁신을 반대하는 사람들이 아니다. 혁신을 반대하는 사람들을 설득해보기도 전에 적으로 규정해버리는 자신의 나약함이다. 조직 전체가 이길 수 있고 뜻한 목적이 옳다고 확신하면 반대하는 사람들을 적극적으로 설득해 함께 성공할 수 있도록 상황을 반전시켜야 한다. 혁신은 결국 투지로 완성된다.

내 삶의 변화도 투지로 완성된다. 많은 사람이 나에게 물었다.

"그동안 수많은 리더가 혁신을 시도했지만 성공하지 못했는데 당신은 어떻게 성공할 수 있었습니까?"

나는 이렇게 대답했다.

"칼을 한 번 뽑았으면 두부라도 자르겠다고 각오해야 합니다. 그것이 투지입니다."

온갖 비난과 불평을 참고, 될 때까지 하는 투지는 어디에서 나오는 것일까? 투지는 혁신이 궁극적으로 모두에게 이익이 된다는 사실을 공유하는 순간 발현된다. 혁신과 변화에는 언제나 반대와 저항이 있게 마련이다. 그것을 두려워해서는 아무것도 할 수 없다. 반대가 없는 변화는 그만큼 가치가 작다.

좀 더 큰 그림을 그리고, 그 꿈을 이루고 말겠다는 강한 의지로 도전해보라. 투지처럼 우리 삶을 아름답게 가꾸고 빛나게 만드는 것은 없다. 무엇이 학벌 콤플렉스를 이기게 하는가. 어떤 것이 '해고'라는 두려움을 떨칠 수 있는 용기를 갖게 하는가. 당신이 하는 일을 옳은 방향으로 이끄는 길잡이는 과연 무엇인가. 심지어 죽음이라는 막다른 지점에서도 강한 마음으로 초지일관 지금 추진하는 일을 사랑하게 하는, 지치지 않는 에너지는 무엇인가. 바로 투지다.

당신은 진정으로 성공과 성취를 바라고 있는가. 그렇다면 남의 눈을 의식하기보다는 목적에 대한 강한 열망을 가져야 한다. 조직에 붙어 연명하려는 기생적 습성은 하늘 위로 날려버려라. 대신 주인의식을 가지고 다시 시작하는 마음과 실패를 두려워하지 않는 용기로 당신의 가슴을 채우라.

기생적 습성에 물들면 조직에 묻어가려고 하고 직원인 것에 만족하며 월급만 중요하게 생각한다. 반면 주인의식을 가지면 내가 주인이라는 의식 때문에 무얼 하더라도 '튄다'는 이미지를 보여준다. 튀는 것을 두려워해선 안 된다. 내가 CEO라는 인식으로 일하며 사명과 성과를 중요하게 여겨야 한다. 내일 세상의 종말이 오더라도 한 그루의 사과나무를 심겠다는 충직함을 가져보라.

투지는 훈련과 습관이 생성하는 에너지다. 목표에 대한 열망이며 다시 도전하는 용기이며, 죽음이 오더라도 버리지 않고 매진하는 비장함이다. 그것은 당신의 가장 강력한 무기가 될 것이다. 강한 투지는 매력적인 존재감이며 목표를 이룰 때까지 참고, 성공할 때까지 시도하는 나만의 정체성이 된다.

멈출 수 있는
용기

우리 모두는 더 나은 내일을 위해 개인적으로든 조직적으로든 성과나 성공을 위해 부단히 노력하며 치열하게 경쟁하고 있다. 하지만 멈춰도 괜찮다고 말해주는 사람은 없는 듯하다.

사실 멈춘다는 것은 대단한 용기를 필요로 한다. 내가 멈춘 동안 동료들이 나를 추월하지는 않을지, 혹은 아예 이대로 낙오하지는 않을지 두려운 게 당연하다. 그래서 뭔가를 시도하고 열심히 노력하는 것만큼 멈추는 것에도 용기가 필요하다.

리부팅은 타의가 아니라 자의로 멈추는 것이다. 회사에서 해고를 당했다거나 과로로 쓰러진다든가, 정신적으로 도저히 생활을 이어갈 수 없어서 어쩔 수 없이 멈춰야 할 때도 있을 것이다. 그 역시 리부팅을 통해 극복할 수 있다. 그러나 그런 상황이 오기 전에 자발적이고 적극적으로 리부팅을 하기를 권한다.

또한 리부팅은 한 번만 하는 것이 아니라 죽을 때까지 쉼 없이 하는 것이다. 리부팅을 멈추면 인생을 살아갈 의욕과 희망을 멈추는 것과 같다고 생각한다.

리부팅은 결국 지속적인 초심을 만들어가는 것이고, 리부팅이 습관화될 때 초심을 유지할 수 있다. 그러기 위해서는 물러서서 바라보고 다시 시작하는 용기를 잃지 않아야 한다. 우리 삶에 멈춤과 다시 시작함이 없다면 초심을 유지하기 힘들고 성장과 도약을 기대할 수 없을 것이다.

한 교회 목사님과 개인적으로 함께 할 시간이 있었는데 그 목사님이 한 말 중 다음 말이 가장 기억에 남는다.

"저는 스스로가 무너지지 않기 위해 '성도들과 나의 자녀들에게 부끄럽지 않은 현실의 삶이었는가'라고 늘 되뇝니다."

가끔 친구에게는 현실적인 조언을 잘해주면서, 정작 나는 그렇게 살지 못하고 있는 모습을 발견할 때가 있다. 정답을 몰라서라기보다는 그동안 살아온 관성의 힘을 어찌하지 못하기 때문인 경우가 많다. 이때도 리부팅하는 용기가 필요하다.

내가 원하는 방향과 다른 곳으로 나아가고 있는 나를 발견했다면, 그동안의 생각, 습관, 생활패턴을 과감하게 버리고 새로운 결심을 다져야 한다. 그리고 지금의 생활에 젖어 객관적인 시선을 잃어버리지 않도록 당신만의 목표를 되뇌며 스스로를 수시로 점검하는 것이 좋다. '다른 사람'이 되어서 내 삶을 돌아보는 것도 나를 관찰하는 데 도움이 된다.

리부팅은 나의 경험을 비롯해 수많은 사람을 만나 상담하고 멘토링하면서 깨달은 인생의 도구다. 나는 우리 삶과 여정에 꼭 필요한 과정이 존재한다는 것을 알게 되었고, 그것을 보다 깊이 연구해서 리부팅 모형을 완성했다. 그것을 독자 여러분과 공유할 수 있게 되어 얼마나 기쁜지 모른다.

이 책을 본 독자들이 적어도 자신을 점검해볼 수 있는 기회가 되었기를 바란다. 우리는 저마다 영리하게 짜인 시간표에 따라 바쁘게 움직인다. 시간은 너무나 자연스럽게 흘러가고 모든 것이 순조롭게 흘러가는 듯 보인다. 자신이 지쳐가고 있다는 것도 의식하지 않으면 모른다. 부디 자주 자기 자신을 들여다보고 대화하기를, 더 나아가 멈추는 용기를 발휘하기를 바란다. 거기에서부터 당신의 또 다른 성장이 시작될 것이다. 리부팅을 통해 행복하고 활기차며 늘 설렘이 깃든 삶을 살아가길 바란다.

마지막으로 이 책의 부족한 부분에 대해서는 독자 여러분의 양해를 구한다. 내가 겪은 다양한 경험으로 얻은 것들이지만, 하늘 아래 각자의 삶과 처지가 같을 수 없음을 잘 알고 있다. 그렇기에 여러분의 삶에서 '멈춤과 재시작의 리부팅'을 통해 나름의 성공과 성장을 이루기를 기원한다.

학교나 일터나 비즈니스 현장에서 늘 설렘과 환희에 찬 초심으로 생활하기를 원하는 이 땅의 모든 사람에게 이 책을 바치며 이끌어 주신 하나님께 모든 영광을 돌린다.

참고문헌

◆ 도서

『그릿』, 앤절라 더크워스, 비즈니스북스, 2016

『너의 내면을 검색하라』, 차드 멍 탄, 알키, 2012

『마윈, 내가 본 미래』, 마윈, 김영사, 2017

『하버드 행동력 수업』, 가오위안, 가나출판사, 2019

『블루오션 전략』, 김위찬, 르네 마보인, 교보문고, 2005

『석세스 코드 45』, 조 루비노, 쌤앤파커스, 2007

『생존』, 로렌스 곤잘레스, 예담, 2005

『스워브』, 마일스톤, 닉 러브그로브, 2018

『스트레스의 이해와 관리』, 김정호, 김선주, 시그마 프레스, 2010

『왜 우리는 가끔 멈춰야 하는가』, 토머스 J. 들롱, 청림출판사, 2018

『인적 자원관리』, 정종진, 이덕노, 법문사, 1998

『일하지 않는 시간의 힘』, 마릴린 폴, 청림출판사, 2019

『조직사회학』, 가레쓰 모르간, 현상과인식, 1998

『조직행동: 인간, 조직의 이론과 문제』, 오세철, 박영사, 1997

『지금 힘들다면 잘하고 있는 것이다』, 전옥표, 중앙북스, 2018

『착한 경쟁: 경쟁의 관점을 바꾸는 현명한 지혜』, 전옥표, 비즈니스북스, 2015

『클릭 모먼트』, 프란스 요한슨, 알키, 2013

『킹핀: 최고의 프로만 아는 성과 창출의 비밀』, 전옥표, 위즈덤하우스, 2010

『AGAIN! 이기는 습관』, 전옥표, 홍재, 2018

『Sabbath in the Suburbs: A Family's Experiment with Holy Time』, MaryAnn McKibben-Dana, ChalicePress, 2012

『Satisfaction: A Behavioral Perspective on the Consumer』, Richard L. Oliver, McGraw-Hill Co, 1996

『The Social Psychology of Organizing』, Karl E. Weick, McGraw-Hill, 1979

◆ 잡지

「자산 중심으로 전략 짜던 시대 지나, 유연하고 빠르게 핵심역량 재편해야」, 고승연, DBR(Dong Business Review), 2019년 1월호(264호)

「Brand management: moving beyond loyalty」, Dun Gifford Jr, Harvard Business Review, vol. 75, no. 2, 1997

리부팅

초판 1쇄 2019년 8월 22일

지은이 전옥표

발행인 이상언
제작총괄 이정아
편집장 조한별
책임편집 심보경

디자인 [★]규
진행 조창원

발행처 중앙일보플러스(주)
주소 (04517) 서울시 중구 통일로 86 4층
등록 2008년 1월 25일 제2014-000178호
판매 1588-0950
제작 (02)6416-3927
홈페이지 jbooks.joins.com
네이버 포스트 post.naver.com/joongangbooks

ⓒ 전옥표, 2019

ISBN 978-89-278-1040-7 03190

- 이 책은 저작권법에 따라 보호받는 저작물이므로 무단 전재와 무단 복제를 금하며
  책 내용의 전부 또는 일부를 이용하려면 반드시 저작권자와 중앙일보플러스(주)의 서면 동의를 받아야 합니다.
- 책값은 뒤표지에 있습니다.
- 잘못된 책은 구입처에서 바꿔 드립니다.
- 이 도서의 국립중앙도서관 출판예정도서목록(CIP)은 서지정보유통지원시스템 홈페이지(http://seoji.nl.go.kr)와
  국가자료종합목록 구축시스템(http://kolis-net.nl.go.kr)에서 이용하실 수 있습니다.(CIP제어번호 : CIP2019029804)

중앙북스는 중앙일보플러스(주)의 단행본 출판 브랜드입니다.